O DESPORTO
NA CONSTITUIÇÃO EUROPEIA

O FIM DO "DILEMA DE HAMLET"

ALEXANDRE MIGUEL MESTRE

O DESPORTO NA CONSTITUIÇÃO EUROPEIA

O FIM DO "DILEMA DE HAMLET"

ALMEDINA

TÍTULO:	O DESPORTO NA CONSTITUIÇÃO EUROPEIA O FIM DO "DILEMA DE HAMLET"
AUTOR:	ALEXANDRE MIGUEL MESTRE
EDITOR:	LIVRARIA ALMEDINA – COIMBRA www.almedina.net
LIVRARIAS:	LIVRARIA ALMEDINA ARCO DE ALMEDINA, 15 TELEF. 239 851 900 FAX 239 851 901 3004-509 COIMBRA – PORTUGAL livraria@almedina.net LIVRARIA ALMEDINA ARRÁBIDA SHOPPING, LOJA 158 PRACETA HENRIQUE MOREIRA AFURADA 4400-475 V. N. GAIA – PORTUGAL arrabida@almedina.net LIVRARIA ALMEDINA – PORTO R. DE CEUTA, 79 TELEF. 222 059 773 FAX 222 039 497 4050-191 PORTO – PORTUGAL porto@almedina.net LIVRARIA ALMEDINA ATRIUM SALDANHA LOJAS 71 A 74 PRAÇA DUQUE DE SALDANHA, 1 TELEF. 213 570 428 FAX 213 151 945 1050-094 LISBOA atrium@almedina.net LIVRARIA ALMEDINA – BRAGA CAMPUS DE GUALTAR, UNIVERSIDADE DO MINHO 4700-320 BRAGA TELEF. 253 678 822 braga@almedina.net
EXECUÇÃO GRÁFICA:	G.C. – GRÁFICA DE COIMBRA, LDA. PALHEIRA – ASSAFARGE 3001-453 COIMBRA E-mail: producao@graficadecoimbra.pt OUTUBRO, 2004
DEPÓSITO LEGAL:	217949/04

Toda a reprodução desta obra, por fotocópia ou outro qualquer processo, sem prévia autorização escrita do Editor, é ilícita e passível de procedimento judicial contra o infractor.

Não a deixes passear ao sol. A concepção é uma benção.
William Shakespeare, Hamlet, Acto II, Cena II (185-187)

Ser ou não ser, eis a questão!
William Shakespeare, Hamlet Acto III, Cena I (58-59)

Assim a consciência faz de nós uns covardes;
Assim a cor primitiva da resolução descora
Perante a pálida luz do pensamento
E empreendimentos de grande porte
E importância desviam a sua rota
E perdem o nome de acção
William Shakespeare, Hamlet, Acto III, Cena I (84-88)

Não sei por que
vivo ainda para dizer "Isto deve fazer-se",
pois que tenho uma causa, uma vontade, força e meios
para o fazer
William Shakespeare, Hamlet Acto IV, Cena IV (43-46)

PREFÁCIO

Conheci o Dr. Alexandre Mestre em 1998 quando assisti ao primeiro *Moot Court* de Direito Comunitário realizado em Portugal. O Dr. Alexandre Mestre viria a ser o brilhante vencedor dessa simulação de um processo judicial perante o Tribunal de Justiça das Comunidades Europeias.

Desde então, tenho seguido com particular interesse e atenção a sua promissora carreira como jurista.

Desde a primeira vez que nos encontrámos que o Dr. Alexandre Mestre manifestou um interesse particular pelas questões relativas à relação entre o Direito Comunitário (hoje talvez mais apropriadamente Direito da União Europeia) e o Direito Desportivo. Tal interesse tem sido visível no seu trabalho de investigação, publicações e carreira profissional.

Hoje em dia, não hesito em classificar o Dr. Alexandre Mestre como um dos melhores juristas de Direito Comunitário Desportivo em Portugal. A obra que se apresenta surge na continuação desse trabalho e do seu esforço de reflexão profunda sobre o crescente impacto do processo de integração europeia na área desportiva.

Esta obra é simultaneamente uma análise da evolução do papel do desporto no contexto da integração europeia e uma celebração da sua consagração no texto do Tratado que estabelece uma Constituição para a Europa.

A relação entre o Desporto e o projecto de integração europeia parece ter atravessado três fases. A primeira pode retratar-se como uma fase de ignorância. Durante muito tempo as questões desportivas foram entendidas como encontrando-se fora da área de influência do Direito

Comunitário. A política desportiva era uma área entendida como pertencendo exclusivamente à competência dos Estados. Ao mesmo tempo, embora desde cedo tenham surgido na jurisprudência do Tribunal de Justiça das Comunidades indicações em sentido contrário, o possível impacto das normas do mercado interno no Direito desportivo era largamente ignorado.

É com o acórdão *Bosman* (1995), e a repercussão pública que o mesmo obteve, que se torna evidente a impossibilidade de manter o desporto fora do campo de aplicação do Direito da União Europeia. Dá-se início à "europeização" do desporto e a uma fase que podemos designar como de desconfiança e descoberta.

A lógica da concorrência e da não discriminação, inerente às normas comunitárias, é dificilmente compatível com os regimes nacionais fechados e largamente corporativos que dominavam o fenómeno desportivo. Inicialmente, esta confrontação foi apresentada como opondo os valores do Desporto aos valores económicos do mercado interno. No entanto, pouco a pouco, tem-se tornado claro que o Direito da União Europeia, em vez de desafiar o denominado modelo desportivo europeu, pode ser um instrumento ao seu serviço.

Desde os seus acórdãos iniciais que o Tribunal de Justiça das Comunidades Europeias reconheceu o carácter particular da actividade desportiva mesmo enquanto actividade económica. Apenas tornou claro que essa natureza peculiar não pode servir de pretexto a medidas que não têm qualquer relação séria com os objectivos próprios do desporto reconhecidos pelo Tribunal de acordo com o interesse comunitário.

Na verdade, alguns actores desportivos já entenderam, por exemplo, a relação estreita que pode existir entre as normas do direito comunitário da concorrência, como a proibição dos auxílios de estado, e a garantia da competitividade desportiva. Neste caso, o Direito da União Europeia não promove, ao contrário do que por vezes se afirma, a concentração económica e desportiva. Pelo contrário, as suas normas podem colocar limites a tal concentração, salvaguardando um modelo desportivo europeu baseado numa grande disseminação clubista e na competitividade entre eles.

Depois de uma fase de desconfiança, os actores desportivos parecem começar a descobrir as vantagens que podem retirar do Direito da

Prefácio 9

União Europeia. No entanto, nesta segunda fase, a relação entre Desporto e União Europeia é ainda fundamentalmente dominada por uma concepção do desporto na sua vertente de actividade económica de enorme importância nas sociedades actuais. Não é assim estranho que a ênfase seja colocada no impacto da União Europeia nos desportos profissionais (como o futebol, basquetebol, automobilismo etc.) e a sua regulação económica (incluindo matérias como publicidade, livre circulação dos praticantes desportivos, auxílios públicos aos clubes, abusos em matéria de concorrência, etc.).

Aquilo que nos sugere o livro do Dr. Alexandre Mestre é a entrada numa terceira fase, na qual o objectivo fundamental é desenvolver uma política europeia integrada de desporto. Tal seria possível a partir do reconhecimento no texto do Tratado que estabelece uma Constituição Europeia da importância do Desporto e das competências da União Europeia. Não se trata (nem o Dr. Alexandre Mestre argumenta nesse sentido) de defender uma transferência das competências dos Estados para a União em matéria desportiva. Nem sequer de lhe atribuir uma competência concorrente e com poderes de harmonização legislativa. Trata-se apenas de complementar e integrar os diferentes aspectos em que a União Europeia já opera sobre o fenómeno desportivo e de reconhecer, ao mesmo tempo, a importância que este pode ter enquanto instrumento de integração europeia. Tal é a proposta do Dr. Alexandre Mestre, no contexto da qual apresenta sugestões muito concretas.

Estamos perante um autor que não pretende ser Hamlet... O Dr. Alexandre Mestre arrisca fornecer uma resposta muito clara à interrogação que ele próprio coloca. Quer o leitor a partilhe, quer a ela se oponha, tem nesta obra uma fonte importante de informação e reflexão sobre esta questão.

Luxemburgo, Outubro de 2004

MIGUEL POIARES MADURO

Advogado-Geral no Tribunal de Justiça das Comunidades

ARGUMENTO

A introdução é uma arte, a arte da palavra sistematizada, como o referia o Bastonário Coelho Ribeiro nas nossas saudosas conversas informais, isto é, um produto da imaginação criadora, cujo meio específico é a palavra, e cuja finalidade é despertar no leitor ou ouvinte o prazer estético. Tem, portanto, um valor em si, e um objectivo, que não será apenas o de comunicar ou servir de instrumento a outros valores – políticos, religiosos, morais, filosóficos – mas esclarecer inequivocamente o estudo.

Para enfrentar os males ao seu redor, também Hamlet ousou uma escolha entre apenas duas das opções possíveis: engolir os defeitos ("sofrer as pedradas e as flechas do destino ultrajante", o que implicaria no sono ou morte), ou combatê-los ("pegar armas, contra o mar de problemas, para se opor a eles"). Hamlet terá escolhido a segunda opção, e resolveu defender a "honra". Mas a própria noção de "honra" também se mostrou falha e na realidade as armas de Hamlet serviram para cumprir a primeira escolha. Aqui a tragédia, não só de Hamlet, que se tornou um monstro, mas também de todos os seus amigos e familiares. Se ele tivesse reconhecido outras opções, a história teria sido outra.

Também na UE, durante largos anos foi-se adiando, fraquejando. Houve dificuldade em agir, em decidir. A "consciência", ou seja, uma ética nacional, e um algo injustificado temer de consequências, foram protelando o "empreendimento de grande porte", a "acção".

"Isto deve fazer-se". Muitos o disseram. Associámos a nossa voz a tal corrente, quando na teoria e na prática, nos foi dada a oportunidade de intervir sobre o assunto.

Porém, o dilema ía subsistindo, qual solilóquio de Hamlet: *Desporto na Constituição Europeia*, eis a questão! E a "causa", essa via a sua "rota" ser constantemente desviada...

No processo que conduziu à aprovação da Constituição Europeia houve, finalmente, "vontade, força e meios" para a "concepção" de um artigo no direito primário comunitário consagrador do desporto.

Aproveitar esta "benção" é aquilo que se exige à UE e aos Estados-membros. O contrário não será certamente uma tragédia, tão só um novo adiar do fomento do binómio Desporto-União Europeia. Mas estamos certos de que "pálida" não será "a luz do pensamento"...

ALEXANDRE MESTRE

Outubro de 2004

SEQUÊNCIA

O presente trabalho resulta de uma investigação mais alargada de uma monografia desenvolvida no Curso de Actualização em Estudos Europeus promovido pela Universidade Católica, em 2004, no âmbito do Módulo "A Europa e o Mundo" ministrado pelo Prof. Doutor Ernâni Lopes.

As políticas comunitárias formam um conjunto heterogéneo de campos e modos de actuação, cobrindo a quase totalidade dos domínios da actividade dos Estados, resultado de um processo histórico evolutivo e permanente da construção europeia.

Só muito recentemente o desporto passou a integrar o referido conjunto, verdadeiramente ao arrepio da lógica de um dos "pais fundadores" da construção europeia, Robert Schuman, o qual sempre afirmou que uma construção europeia que se baseasse apenas em questões materiais estaria, mais tarde ou mais cedo, condenada ao fracasso.

Com efeito, foi tardia a asserção de que o conceito de desporto ultrapassa o âmbito jurídico, movendo-se num plano ou numa dimensão muito mais elevada, histórica e subjectiva, circunstância a montante que justifica que, a jusante se reconduza o desporto ao direito comunitário primário, susceptível de ser protegido, fomentado e subvencionado.

Acresce a natureza descontínua, reactiva, pontual e errática da abordagem comunitária ao desporto, confinando-o a uma matéria marginal ou periférica na agenda comunitária.

Pese embora o exposto, o binómio entre desporto e União Europeia (UE) é já marcante no quadro da construção europeia. Tivemos oportunidade de o estudar numa outra obra[1], pelo que, no âmbito deste trabalho nos limitaremos a abordar o mais recente dos desenvolvimentos: a inclusão do desporto no direito primário da UE, concretamente na Constituição Europeia. É esse, agora, o nosso enfoque.

Num primeiro capítulo, traçaremos o enquadramento que conduziu à aprovação da Constituição Europeia, procurando aflorar, em geral, o seu conteúdo global, e em particular, a questão da repartição das competências entre UE e Estados-membros, matéria no coração da qual se insere o objecto do nosso trabalho.

No capítulo seguinte, procuraremos inventariar e sumariar, sem preocupações de formular juízos críticos profundos, os diversos e diversificados contributos que, objectiva e subjectivamente, conduziram à inserção do desporto na Constituição. Para além de averiguarmos as Constituições dos 8 Estados-membros da UE que prevêem o desporto, trataremos os contributos específicos de instituições e jurisprudência comunitárias, das ONG desportivas e do Fórum Europeu do Desporto. Mais imediatos, serão focados os contributos da Convenção e da Conferência Intergovernamental.

No Capítulo III, já com uma preocupação interpretativa, procederemos à exegese dos artigos I-17.º e III-282.º da Constituição Europeia, o que nos permitirá dissecar as vantagens, desvantagens e lacunas, no fundo o alcance jurídico, daqueles preceitos, a partir dos quais doravante a UE passará a dispor de competências de apoio, coordenação ou de complemento em matéria de desporto.

Por fim, num último capítulo, analisaremos os efeitos e medidas práticas decorrentes dos referidos artigos, procurando, para além de algumas iniciativas já propostas, com especial enfoque para a "Rolling Agenda" delineada pela Comissão, apresentarmos as nossas próprias sugestões de actuação futura da UE em sede de desporto.

Os textos citados mantiveam a língua original. Objecto de tradução livre foi tão-só as citações não formais.

A Bibliografia consultada é a referida em notas de rodapé.

---

[1] *Desporto e União Europeia: uma parceria conflituante* Coimbra, Coimbra Editora, 2002.

CAPÍTULO I

UMA CONSTITUIÇÃO PARA A EUROPA

Conteúdo Geral; A repartição de competências entre UE e Estados-membros

1. Da Declaração de Laeken à aprovação da Constituição Europeia

A Convenção Europeia sobre o Futuro da Europa foi convocada pelo Conselho Europeu de Laeken, de 14 e 15 de Dezembro de 2001, na sequência da própria "Declaração n.º 23, sobre o futuro da UE", anexa ao Tratado de Nice, de 26 de Fevereiro de 2003, e como primeiro passo rumo a uma Conferência Intergovernamental em 2004. O mandato do Conselho Europeu consta do anexo I das Conclusões da Presidência, titulado de "Declaração de Laeken sobre o futuro da União Europeia".

Na Declaração constam uma centena de questões, distribuídas em quatro grandes capítulos, nos quais se identificam os "desafios fundamentais" da UE, entre eles uma melhor repartição e uma definição mais precisa das competências entre a UE e os Estados-membros, no respeito pelo princípio da subsidariedade:

"O cidadão acalenta muitas vezes expectativas quanto à UE que esta nem sempre satisfaz. E, inversamente, fica muitas vezes

com a impressão de que a União intervém demasiado em domínios em que a sua presença não é indispensável. É, pois, importante esclarecer a repartição de competências entre a UE e os Estados-membros, simplificá-la e ajustá-la em função dos novos desafios com que a UE se depara. Este processo poderá conduzir tanto à devolução de algumas tarefas aos Estados-membros como à atribuição de novas missões à UE ou ao alargamento das competências existentes.".

Colocando o acento tónico na necessidade de ir ao encontro das expectativas dos cidadãos, a Declaração questiona se a UE estará em condições de, no futuro, reagir a novos desafios e desenvolvimentos, bem como abranger novos domínios de acção.

Com um carácter algo paradoxal ou ambíguo, a Declaração se por um lado expressa o desejo de que a nova repartição de competências da UE não conduza a um alargamento das competências da UE, por outro lado e, simultaneamente, invoca a necessidade de se assegurar que a dinâmica europeia não deva ser enfraquecida com tal repartição.

Ainda no âmbito das competências da UE, são evocados três tipos de competências: competências exclusivas da UE; competências dos Estados-membros; competências partilhadas entre a UE e os Estados-membros, antes de se formular a seguinte questão central: *"a que nível as competências são exercidas da forma mais eficaz?"*.

A resposta a estes desafios e questões coube à "Convenção sobre o Futuro da Europa" (adiante, abreviadamente, Convenção).

Em regra as Conferências Intergovernamentais, Conferências dos representantes dos Governos dos Estados-membros, enquanto mecanismo consagrado nos tratados para efeitos de revisão dos mesmos, revelam-se pesadas, lentas, opacas, baseando-se no princípio do mínimo denominador comum, visto que a exigência da unanimidade conduz a resultados microscópicos, o que inclusivamente explica em definitivo as sucessivas revisões que se foram operando até à data.

Para obviar a estes circunstancialismos, no fito de, pela primeira vez, se dar voz à sociedade civil para a revisão de tratados, precisamente àquela dirigidos, optou-se então por uma etapa prévia à CIG – a Convenção- que iniciou os seus trabalhos em Bruxelas, a 1 de Março

CAPÍTULO I – *Uma Constituição para a Europa*   17

de 2002, e terminou em Junho de 2003, três meses depois do inicialmente previsto, sendo que se realizaram ainda, após o Conselho Europeu de Salónica, duas sessões plenárias extraordinárias para acertos técnicos finais. Trata-se de um modelo no qual a democracia associativa complementa a clássica democracia representativa, como o atesta a sua heterogénea e plural composição.

A Convenção foi presidida por Valéry Giscard d'Estaing, coajuvado por dois vice-presidentes: Giuliano Amato e Jean-Luc Dehaene. Para além destes três membros, congregou ainda outros 102, de entre representantes dos Governos dos Estados-membros (15), dos países de adesão (13), dos parlamentos nacionais quer dos Estados-membros quer dos países de adesão (56), do Parlamento Europeu (adiante, abreviadamente, PE) (16), e da Comissão Europeia. Participaram igualmente nos trabalhos 13 observadores em representação do Comité das Regiões, do Comité Económico e Social, dos parceiros sociais europeus, e do Provedor de Justiça Europeu.

Quanto à metodologia adoptada, consistiu em três fases distintas:

1. Fase de auscultação (primeiro semestre): propostas da sociedade civil;
2. Fase de estudo (segundo semestre): método clássico de grupos de trabalho, que deram um contributo técnico às propostas políticas, sob a "pilotagem" do Praesidium, ao qual coube um papel de impulso;
3. Fase de decisão (terceiro semestre), com uma maratona sobretudo nos dois últimos meses (Maio e Junho de 2003).

Após 16 meses de trabalho, a Convenção chegou a um consenso sobre um "Projecto de Constituição Europeia", que veio a culminar, a 10 de Julho de 2003, no Tratado que institui uma Constituição para a Europa, vulgo Constituição Europeia, expressão que vamos adoptar neste trabalho, ainda que não ignoremos o facto de não estarmos, no sentido jurídico do termo, perante uma Constituição *stricto sensu*[2].

---

[2] O debate em torno de saber se o Tratado que instituiu uma Constituição para a Europa corresponde ou não, no sentido jurídico do termo, a uma Constituição, não é, de forma alguma, uma mera questão semântica. Ainda que a noção de Constituição

A 4 de Outubro de 2003, teve início a Conferência Intergovernamental (adiante, abrevidadamente CIG), a qual, não obstante ter procurado ser fiel aos resultados da Convenção, foi palco de divergências políticas e instititucionais de fundo.

As divergências de opinião conduziram a uma ausência de sintonia no Conselho Europeu de Bruxelas[3], de 13 de Dezembro de 2003 quanto ao texto final de Constituição Europeia, precisamente por desacordo total no que tange ao sistema de voto no Conselho por dupla maioria, fracasso[4] que a presidência italiana não conseguiu evitar.

---

seja plurissémica e pluridimensional, importa ter presente a verdadeira natureza do Tratado que instituiu uma Constituição para a Europa. Estamos perante um texto que define as competências da UE e os poderes das respectivas instituições, aproximando-se assim, na forma, a uma Constituição, à imagem e semelhança dos textos fundadores das organizações internacionais ditas tradicionais. No entanto, trata-se igualmente de um texto cujo conteúdo verte instrumentos típicos de direito internacional público, como por exemplo a forma de entrada em vigor: o Tratado Constitucional é mais do que uma revogação dos anteriores, já que os substitui. Ora a sua entrada em vigor exige a aprovação de todos os Estados-membros, incluindo os novos dez, bem como uma ratificação nacional de todos eles. Acresce que, como é bom de ver, a UE não é um Estado, pelo que emerge mais um argumento para banir a noção de Constituição. Contudo, a UE também não é uma organização internacional, ainda que designadamente o direito de saída seja típico de uma organização internacional. Por conseguinte, a qualificação de Tratado também se afigura difícil. Estamos, pois, indubitavelmente, perante uma realidade jurídica híbrida. Não cabe no âmbito do presente trabalho gizar a verdadeira natureza jurídica do Tratado que instituiu uma Constituição para a Europa. No entanto, e até pelo facto de o objecto do nosso estudo se centrar na questão das competências da UE, avançamos com uma opinião: tendo em conta que toda a competência da UE é atribuída pelos Estados-membros na Constituição, ao invés de derivar da própria Constituição, "tratado constitucional" pode configurar uma denominação correcta, mesmo que aparente uma contradição entre os termos.

[3] Para VALÉRY GISCARD D'ESTAING *"o número de países que estavam de acordo com o texto representa 330 milhões de cidadãos, ou seja, 73% da população"* – "Giscard espera Constituição em 2004", Diário de Notícias, 23 de Dezembro de 2003, p. 9.

[4] VITAL MOREIRA aludiu então à *"(...) gravidade do fracasso da Constituição Europeia na cimeira intergovernamental no fim de semana passado em Bruxelas. De facto ele bem poder ser considerado o mais grave insucesso e a mais funda decepção na construção da integração europeia desde o seu inico"*, Público, 16 de Dezembro

CAPÍTULO I – *Uma Constituição para a Europa* 19

Nas conclusões do Conselho Europeu foi referido não ter sido possível lograr um acordo naquele momento, pedindo-se à presidência irlandesa[5] que, na base de consultas, valorasse as perspectivas de progresso e desse disso conta ao Conselho Europeu.

Coube então à presidência irlandesa monitorar as negociações, que culminaram na aprovação, no Conselho Europeu de Dublin, a 17 e 18 de Junho de 2004, do texto final da Constituição Europeia.

No próximo dia 29 de Outubro, em Roma, os Chefes de Estado e de Governo assinarão a Constituição Europeia, ao que se seguirá o Processo de Ratificação.

2. O conteúdo fundamental da Constituição Europeia

Procuraremos, de seguida, inventariar as principais inovações introduzidas pela Constituição Europeia, texto que funde ou unifica os tratados existentes, mantendo apenas aquilo que se julga politicamente necessário do Tratado Euratom, praticamente não modificado. Note-se que esta fusão teve sempre a preocupação de preservar o acervo comunitário acumulado ao longo de quase 50 anos de integração, para além de visar acabar com a dispersão existente.

O texto da Constituição Europeia, num total de 448 artigos, tem uma estrutura dividida em 4 partes: o dispositivo constitucional propriamente dito; a Carta dos Direitos Fundamentais; a descrição das políticas e funcionamento da UE; as disposições finais.

---

de 2002, p. 7. A respeito deste "fracasso" atente-se nos títulos de alguns periódicos: "União de facto adiada", *O Independente* de 19 de Dezembro de 2003; "El fracaso hunde a la UE en la crisis", *El País,* 14 de diciembre 2003, p. 2; "La UE no logra aprobar su Constitución", *El Mundo*, Domingo 14 de Diciembre de 2003, p. 22, "Crise abre caminho a uma Europa a duas velocidades", *Público*, 14 Dezembro de 2003, p.2; "Fracasso em Bruxelas", *Diário de Notícias* , 14 de Dezembro 2003, p. 2.; "Não cruzar os braços", *Diário Económico*, 18 de Dezembro de 2003, p. 2; "EU ready to face constitution crisis", *New Europe*, 14 de Dezembro, p. 2.

[5] Esperou-se, na esteira de LUÍS MARINHO, pelo "milagre de Dublin", *Diário Económico*, 7 de Janeiro de 2004, p. 30.

Quanto ao conteúdo da Constituição Europeia, sem que a ordem que se segue queira significar uma valorização hierárquica das principais inovações, destaca-se o seguinte:

1. A constitucionalização da Carta dos Direitos Fundamentais, que havia sido elaborada após o Conselho Europeu de Colónia, mas apenas "proclamada" em Nice: a incorporação da Carta confere-lhe, assim, força jurídica constringente;

2. O reconhecimento da personalidade jurídica à UE: até ao presente, a UE, ao contrário, por exemplo, dos EUA e da Federação Russa, não dispunha de uma personalidade jurídica única, sendo que agora, ao absorver a personalidade jurídica da CE, se põe fim à dualidade CE/UE, coexistência difícil e geradora de incertezas, ao mesmo tempo que se assegura um projecto politico europeu mais lisível e mais facilitador de uma adesão dos cidadãos; acresce que o reconhecimento permite a adesão da UE à Convenção Europeia dos Direitos do Homem;

3. O desaparecimento da divisão em pilares, pondo-se fim à ruptura da ordem jurídica operada em Maastricht, com uma inerente multiplicação dos sistemas de gestão, ou seja, um pilar comunitário essencialmente para o mercado único, o II pilar para a Política Externa e Segurança Comum (PESC), e o III pilar para a CPJP (Cooperação Policial e Judiciária em Matéria Penal), sistema manifestamente confuso até para os cidadãos: com a eliminação dos pilares, consagra-se o método comunitário para todas as competências exclusivas ou partilhadas da UE;

4. A redução do número de instrumentos jurídicos, simultaneamente com a simplificação da denominação dos mesmos: leis europeias e leis-quadro europeias para os actuais regulamentos e directivas; regulamentos e decisões para os actos de natureza regulamentar ou executiva; recomendações ou pareceres para os actos não juridicamente vinculativos: assim se simplificam os procedimentos e se utilizam os instrumentos jurídicos em todo o campo da UE;

5. Assunção expressa da supremacia do direito comunitário sobre o direito nacional, de há muito reconhecida pela jurisprudência;

6. A previsão de uma cláusula de recurso para as denominadas cooperações reforçadas, através da qual, os Estados que possam e queiram avançar mais depressa no processo de integração europeia não ficam dependentes daqueles que não queiram ou não estejam em condições de poder avançar ao mesmo ritmo;

7. No domínio do espaço de liberdade, segurança e justiça, a política de asilo e de imigração passará a ser submetida a maioria qualificada, havendo mais meios para lutar contra a criminalidade;

8. No domínio da Política Externa e Segurança Comum (PESC), a principal inovação é a da criação de um Ministro dos Negócios Estrangeiros da UE para exercer funções dos actuais Alto Representante da PESC e Vice-presidente da Comissão encarregue das relações externas, assumindo ainda a presidência do Conselho de Relações Externas;

9. No que concerne à política europeia de segurança e defesa, estabelece-se uma cláusula de solidariedade, prevendo uma assistência mútua, civil e militar entre todos os Estados-membros, em caso de ataque terrorista, catástrofe natural ou de origem humana;

10. Alargamento da possibilidade de recurso ao Tribunal Penal Internacional;

11. No âmbito das finanças da UE, admite-se a hipótese de um futuro imposto europeu;

12. Alterações no Tribunal de Justiça das Comunidades (TJC):

- Enquanto instituição, passa a compreender várias jurisdições: o Tribunal de Justiça Europeu; o Tribunal de Grande Instância; os tribunais especializados em certas matérias;
- Passa a estar obrigado a decidir em prazos mais curtos;

- Adquire finalmente competência em matéria de questões prejudiciais, vendo ainda a sua competência estendida a domínios que estavam inteira ou parcialmente fora do seu âmbito, designadamente no espaço de liberdade, segurança e justiça (ainda assim, não pode controlar a legalidade das disposições relativas à PESC, excepto se estiverem em causa medidas restritivas para com pessoas individuais e colectivas).

13. Reforço dos poderes do PE, designadamente através da quase generalização da co-decisão com o Conselho – o PE vê estendida a co-decisão a 22 novos domínios – e da competência para eleger o Presidente da Comissão Europeia; o número máximo de deputados ao PE foi fixado em 750, sendo que os limiares por cada Estado-membro foram fixados entre 6 e 96;

14. Reforço do papel dos parlamentos nacionais, os quais, passam a ser melhor informados da vida comunitária e associados mais estreitamente à aplicação do princípio da subsidariedade, de acordo com o "Protocolo sobre o papel dos parlamentos nacionais na UE" e com o "Protocolo sobre a aplicação dos princípios da subsidariedade e de proporcionalidade";

15. O Conselho Europeu passa a ser uma instituição da UE;

16. O Conselho exerce, a par do PE, as funções legislativa e orçamental, tal como de definição de políticas e de coordenação das mesmas, nas condições fixadas pela Constituição Europeia;

17. Reforço da legitimidade política da Comissão Europeia, instituição que passa a estar mais dependente politicamente do PE, e que vê preservado o seu direito exclusivo de iniciativa como regra; acresce que mantem a sua composição actual até 2014, após o que entrará em vigor uma rotação estritamente igualitária;

18. Extensão da votação por maioria qualificada a 15 novos domínios; generalização da co-decisão; previsão de uma dupla maioria no Conselho (Estados-membros e respectiva dimensão populacional), a introduzir após 2009, em substituição da definição de maioria qualificada estabelecida no Tratado de Nice, com dois parâmetros, a saber: reunir o mínimo de 15 Estados e 65% da população.

Entre nós, a imprensa deu eco de posições contraditórias quanto ao mérito do texto da Constituição Europeia: ora a favor[6], ora contra[7].

3. A questão específica da repartição de competências entre a UE e os Estados-membros

A matéria que nos propomos analisar no presente estudo radica essencialmente na questão da repartição de competências entre a UE e

---

[6] ÁLVARO DE VASCONCELOS, GUILHERME D'OLIVEIRA MARTINS, JOSÉ LUÍS DA CRUZ VILAÇA, VITOR MARTINS: "Dez razões para um "sim" europeu", *Público*, 11 de Dezembro de 2003, p. 8; MARIA EDUARDA AZEVEDO, "Uma oportunidade única", *O Independente*, 14 de Novembro de 2003, p. 14; MÁRIO SOARES, "2004: "O pior já passou?", Visão, 31 de Dezembro de 2003, p. 58; MANUEL DOS SANTOS, "Apelo ao sobressalto", *Semanário*, 19 de Dezembro de 2003, p. 8; CARLOS COELHO, "13 de Junho: 2 votos pela Europa", *Euronotícias*, 10 de Outubro de 2003, p. 19; RUI TEIXEIRA SANTOS, "Sim à Constituição Europeia", *Semanário*, 12 de Dezembro de 2003, p. 7; ANA GOMES, "UE-PEC, Constituição e Europa de geometria variável", *Público,* 29 de Dezembro de 2003, p. 7;

[7] PACHECO PEREIRA, "Foi você que pediu uma Constituição Europeia?", *Público* de 20 de Maio de 2003, p. 7; ANTÓNIO BARRETO, "Contra a Constituição Europeia", *Público*, 19 de Outubro de 2003, p. 6; JORGE MIRANDA, "Sobre a chamada "Constituição Europeia", *Público*, 2 de Julho de 2003, p. 5; JOÃO MARQUES DE ALMEIDA, "Os portugueses e a "Constituição para a Europa", *O Independente*, 31 de Outubro de 2003, p. 42 e "Mitos e realidades sobre a Europa", O Independente, 31 Dezembro de 2003, pp. 17-18; CARLOS DE AZEREDO, "Constituição e União Europeias não", *Diário de Notícias*, 9 de Novembro de 2003, p. 17; PEDRO LOMBA, "A Vitória de Giscard", *Diário de Notícias*, 9 de Dezembro de 2003, p. 11; CARLOS BLANCO DE MORAIS, "Uma Constituição mumificada", *O Independente*, 19 de Dezembro de 2003, p. 12, JOSÉ RIBEIRO E CASTRO, "O espírito de Schuman", *O Independente*, 19 de Dezembro de 2003; ADRIANO MOREIRA, "Uma advertência europeia", *Visão*, 31 de Dezembro de 2003, p. 114; VASCO GRAÇA MOURA, "Natal da Europa das nações", *Diário de Notícias*, 24 de Dezembro de 2003, p. 9; PAULO TEIXEIRA PINTO, "Convulsão europeia?", *Expresso*, 11 de Outubro de 2003, p. ? E "Do outro lado da fronteira", *O Independente*, 31 de Dezembro de 2003, p. 15.

os Estados-membros e no lugar que o desporto passará a ocupar em tal repartição.

A questão das competências resume-se, de entre os diferentes actores do espaço comunitário, a definir "quem é quem" e "quem faz o quê", numa lógica de articulação de responsabilidades com vista a uma boa governança europeia.

Sucede que a simplicidade da equação do problema não encontra paralelo na resposta ao mesmo[8], desde logo pela organização complexa dos Tratados sobre as competências, tão difícil de compreender quanto de gerir. Daí o testemunho de VALÉRY GISCARD D'ESTAING: *"Depuis le début des travaux de la Convention, j'ai pensé que le problème des competences de l'Union était au centre de notre travail"*[9].

Este pensamento do presidente da Convenção certamente derivou da constatação de que durante muito tempo se foram relegando para a UE competências sem que estas tivessem uma verdadeira base legal. A título de exemplo refiram-se sucessivos comunicados de Conselhos Europeus anunciando o lançamento de novas políticas em matéria de emprego, protecção do ambiente ou melhoria da competitividade, alimentando uma "zona cinzenta" de competências e um "défice de responsabilidade" resultante da concorrência das instituições no exercício de poderes.

Tornou-se, pois, necessário pôr ordem no caos. Actuar sobre aquilo a que EMMANUELLE HAMAMDJIAN[10] definiu como os *"non dits"*.

---

[8] Segundo ANTONIO TIZZANO, "(…) *il n'y a pas une matière qui est de l'Union européenne et une autre des États membres, les compétences communautaires passent à l'intérieur des matières; par exemple, il est difficile de dire que la culture ou le social se trouvent d'un coté ou de l'autre, chaque mésure pouvant se retrouver de l'une ou de l'autre part de la barricade*, "La répartition et l'exercice des compétences dans le système pluraliste de la Constitution pour l'Europe", em *l'Européanisation des droits constitutionnles à la lumière de la Constitution pour l'Europe*, sous la direction de JACQUES ZILLER, Logiques Juridiques, L'Harmattan, Paris, 2004, p. 207.

[9] La Constitution pour l'Europe, Fondation Robert Schuman, Albin Michel, Paris, 2003, p. 38.

[10] *Le système de repartition des competences entre la Communauté Européenne et les États members: contribution à la théorie des sources du droit*, Thèse pour le Doctorat en Droit présentée et soutenue publiquement le 21 Janvier 2000, p. 6.

CAPÍTULO I – *Uma Constituição para a Europa* 25

O próprio TJC foi interpretando os textos dos tratados da maneira mais extensiva possível, dando corpo ao seu *law making power* – o desporto é disso um bom exemplo – antes mesmo da consagração formal nos textos dos tratados objecto de apreciação por aquela instituição.

Inicialmente, com a vontade de VALÉRY GISCARD D'ESTAING e o acordo dos convencionais alemães e vários ingleses, propôs-se o estabelecimento de duas categorias de listas: uma que definiria as competências atribuídas à UE e uma outra que enumeraria as competências que se conservariam na esfera dos Estados-membros. Este método seria uma via para acalmar a parte da opinião pública temerosa do desaparecimento de competências nacionais.

Mais tarde, veio a abandonar-se esta via em prol de uma definição clarificada e enquadrada pelo princípio da subsidiariedade, apenas se prevendo expressamente as competências da UE, cabendo ao intérprete, *a contrario*, deduzir aquelas que o não são.

Assim, foram listadas[11] várias categorias distintas de competências, conforme consta do quadro seguinte:

---

[11] *"The listing of constitutional values represents an exercise of both explanatory text to the draft of Arts. 1 to 16 of the constitutional Treaty noted, the basic values which are to be embedded in Art. 2 are those which make the peoples of Europe feel part of the same Union and thus create a sense of belonging to a peaceful, pan-European society (…) Unlike the foundational values, the objectives are, according to the accompanying explanatory note to draft Arts. 1 to 16, an articulation of the main aims which justify the creation of the Union as an entity that may exercise certain powers in common at the European level."*, SUSAN MILLNS, "Unravelling the Ties that Blind: National Constitutions in the light of the Values, principles and Objectives of the Constitution for Europe, em *l'Européanisation des droits constitutionnles à la lumière de la Constitution pour l'Europe*, sous la direction de JACQUES ZILLER, Logiques Juridiques, L'Harmattan, Paris, 2004, p. 98.

CONJUNTO DE COMPETÊNCIAS DA UE

Denominação	Definição	Domínio
1. Competência exclusiva	Art. I-12.º/1: Só a UE pode legislar e adoptar actos juridicamente vinculativos; os próprios Estados-membros só podem fazê-lo se habilitados pela UE ou a fim de dar execução aos actos por esta adoptados.	Artigo I-13.º/1: - Regras de concorrência necessárias ao funcionamento do mercado interno; - Política monetária para os Estados-membros que tenham adoptado o euro; - Política comercial comum; - União Aduaneira; - Conservação dos recursos biológicos do mar, no âmbito da política comum das pescas; - Celebração de acordos internacionais quando prevista num acto legislativo da UE, desde que necessária para lhe dar a possibilidade de exercer a sua competência interna ou afecte um acto interno da UE.
2. Competência partilhada	Art. I-12.º/2 A UE e os Estados membros têm o poder de legislar. Os Estados-membros podem legislar na medida em que a UE não o tenha feito ou decida deixar de o fazer.	Art. I-14.º/ 1 e 2 Domínios não contemplados nos artigos 13.º e 17.º, nomeadamente: - Mercado interno; - Espaço de liberdade, segurança e justiça; - Agricultura e pescas; - Transportes e redes transeuropeias; - Energia; - Política social (certos aspectos); - Coesão económica, social e territorial; - Ambiente; - Defesa dos consumidores; - Problemas comuns de segurança em matéria de saúde pública.

CONJUNTO DE COMPETÊNCIAS DA UE *(Continuação)*

Denominação	Definição	Domínio
2. bis Competência partilhada	Art. I-14.º/3 e 4 A UE tem competência para desenvolver acções e desenvolver uma política comum, sem impedir os Estados-membros de exercerem a sua própria competência.	Art. I-14.º/3 e 4 - Investigação, desenvolvimento tecnológico e espaço; - Cooperação para o desenvolvimento e ajuda humanitária
3. Competência de coordenação, de apoio ou de complemento	Art. I-12.º/5 A UE pode apoiar, coordenar ou complementar a acção dos Estados-membros sem substituir a competência destes nesses domínios. Art. I-17.º/3 A UE não pode impor a harmonização das disposições legislativas e regulamentares dos Estados-membros	Art. I-15.º Os Estados-membros coordenam as suas políticas económicas e de emprego no seio da UE, a qual adopta grandes orientações ou linhas directrizes. Art. I- 17.º/2 (...) na sua finalidade europeia: - Indústria; - Protecção e melhoria da saúde humana; - Educação, Juventude, Desporto e Formação Profissional; - Cultura; - Protecção civil.
3. bis Competência de coordenação ou de complemento em matéria de PESC	Art. I-16.º/2 *"Os Estados-membros apoiam activamente e sem reservas a Política Externa e de Segurança Comum da União, num espírito de lealdade e de solidariedade mútua, e respeitam os actos adoptados pela União neste domínio. Os Estados-membros abstêm-se de toda e qualquer acção contrária aos interesses da União ou susceptível de prejudicar a sua eficácia".*	Art. I-16.º/1 *"(...) todos os domínios da política externa, bem como todas as questões relativas à segurança da União, incluindo a definição gradual de uma política comum de defesa (...)".*

Da leitura do quadro se infere que o desporto veio a figurar no texto final da Convenção no leque das competências de coordenação, de apoio ou de complemento da UE.

Antes de nos debruçarmos sobre os efeitos desta inserção, importa, até para melhor compreender aqueles, analisar as etapas, os contributos, os obstáculos que precederam o "fim do Dilema de Hamlet".

Capítulo II

O DESPORTO
NA CONSTITUIÇÃO EUROPEIA

1. O Contributo de diversas constituições nacionais

Em diversos países, o desporto é um fenómeno, sector ou âmbito de incidência constitucional. Sendo a lei instrumento necessário de conformação social, e a Constituição de cada país a respectiva "lei fundamental", ao se interpretar a realidade social acaba por, com alguma naturalidade, se constitucionalizar o desporto.

Ao constitucionalizar-se o desporto, o cidadão pode exigir mais do respectivo Governo, já que mais claramente se assume que o desporto deve ser visto não apenas como um *hobby* mas sim como um direito, o direito ao desporto, ao qual está inerente uma determinada política desportiva, a qual, por seu turno, deve ser o mais democrática possível nos seus destinatários – a generalização do acesso à prática desportiva é o mote.

Ao constitucionalizar-se o desporto, está-se a conferir a este sector um interesse, uma utilidade ou um serviço público. Daí a necessidade de se proporcionar aos cidadãos meios que lhes possibilitem melhorar a sua qualidade de vida quotidiana, também através do desporto.

Esta não é, porém, a lógica maioritária ao nível das Constituições dos Estados-membros da UE, mas sim de alguns modelos apenas, como bem refere Bermejo Vera: *"Algunos modelos de "Estado social", que conceden una gran importância al bienestar individual y social, no se resistieron a la tentación de introducir el deporte como uno de los elementos capaces de potenciar e impulsar las fórmulas de cumplimiento y ejecución prática de tales formulaciones. Una indagación superficial sobre planteamientos constitucionales ajenos al caso español no demuestra, desde luego, muchas cosas, porque solo en las Cartas Magnas promulgadas en épocas recientes se han hecho alusiones directas al deporte, y, además, de un modo marginal. Por eso, esta cuestión no puede ser entendida como trascendente, sino desde un ponto de vista simbólico, si bien tampoco cabe negar que ello tiene una cierta significación jurídica, aunque no exenta de problemas interpretativos[12]".*

Naturalmente que a inclusão do desporto numa Constituição Europeia bebe inspiração em alguns textos constitucionais de Estados--membros da UE que consagram preceitos específicos para o desporto, por diminutos que sejam.

Nessa constitucionalização, a regra dominante é a de consagrar o desporto como um direito fundamental, lógica que tem expressão na Carta Internacional da Educação Física e do Desporto[13], mas já não na Carta Europeia do Desporto, na Convenção Europeia dos Direitos do Homem, na Carta Social Europeia, na Carta Comunitária dos Direitos Sociais dos Trabalhadores ou na Carta dos Direitos Fundamentais da UE. Se não vejamos o seguinte quadro relativamente aos únicos oito Estados-membros da UE que constitucionalizaram o desporto.

---

[12] Constitution y Deporte, Editorial Tecnos SA, Madrid, 1998, p. 57.

[13] Adoptada pela Conferência Geral da Organização das Nações Unidas, reunida em Paris, na sua 20.ª sessão para a Educação, a Ciência e a Cultura, em Novembro de 1978. O artigo 1.º, ponto 1.1., cuja epígrafe é "A prática da educação física e do desporto é um direito fundamental para todos", tem o seguinte corpo: *"Todo ser humano tem o direito fundamental de aceder à educação física e o desporto, que são indispensáveis para o pleno desenvolvimento de sua personalidade. O direito de desenvolver as faculdades físicas, intelectuais e morais através da educação física e do desporto, deverá garantir-se tanto dentro do padrão de sistema educativo como nos demais aspectos da vida social".*

O DESPORTO NAS CONSTITUIÇÕES DOS PAÍSES DA UE

PAÍS	INSERÇÃO SISTEMÁTICA	ARTIGO
BULGÁRIA	Capítulo II: Direitos Fundamentais e obrigações dos cidadãos	**Artigo 52.º** *"(…)* *3. O Estado deve proteger a saúde dos cidadãos e deve promover o desenvolvimento dos desportos e do turismo".*
ESPANHA	Título I Direitos e Deveres Fundamentais Capítulo II: Princípios rectores da política social e económica Título VIII Da Organização Territorial do Estado: Das Comunidades Autónomas	**Artigo 43.º** *"(…)* *3. Os poderes públicos fomentam a educação sanitária, a educação física e o desporto. De igual modo facilitarão a adequada utilização do ócio".* **Artigo 148.º** *"1. As Comunidades Autónomas poderão assumir competências nas seguintes matérias:* *(…)* *19.ª Promoção do desporto e adequada utilização do ócio".*
GRÉCIA		**Artigo 16.º** *(…)* *9. Os desportos são colocados sobre a protecção e a alta superintendência do Estado. O Estado, nos termos da lei, subsidia e controla as uniões de associações desportivas de qualquer natureza. A lei fixa ainda os termos segundo os quais devem ser empregues as subvenções do Estado em conformidade com os fins daquelas uniões".*

O DESPORTO NAS CONSTITUIÇÕES DOS PAÍSES DA UE *(Cont.)*

HUNGRIA	Capítulo XII Direitos e deveres fundamentais	**Artigo 70.º-D** 2. No quadro do reconhecimento do direito à saúde, faz-se uma alusão ao exercício físico
LITUÂNIA	Capítulo IV Economia Nacional e Trabalho	**Artigo 53.º:** *"O Estado deve promover a cultura física da sociedade e deve apoiar os desportos.*
POLÓNIA	Capítulo II Liberdades, Direitos e Obrigações das pessoas e cidadãos: liberdades e direitos pessoais.	**Artigo 68.º** *(…) 5. As autoridades públicas devem apoiar o desenvolvimento da cultura física, particularmente entre as crianças e as pessoas jovens.*
PORTUGAL	Parte I Direitos e Deveres Fundamentais. Título III Direitos e deveres económicos, sociais e culturais Capítulo III Direitos e deveres culturais.	**Artigo 79.º** *1. Todos têm direito à cultura física e ao desporto. 2. Incumbe ao Estado, em colaboração com as escolas e as associações e colectividades desportivas, promover, estimular, orientar e apoiar a prática e a difusão da cultura física e do desporto, bem como prevenir a violência no desporto.*
ROMÉNIA	Direitos Fundamentais, Liberdades e deveres: protecção das crianças e população jovem	**Artigo 45.º** *"5. As autoridades públicas são obrigadas a contribuir para assegurar as condições com vista à participação da população jovem na (…) vida desportiva do país".*

2. O contributo das instituições comunitárias

Num contexto temporal mediato e imediato verifica-se um nada despiciendo contributo das instituições comunitárias em prol da inclusão do desporto nos tratados. Concedamos, pois, um espaço a tal contributo.

2.1. *O Conselho*

O principal contributo dado pelo Conselho ocorreu a 2 de Outubro de 1997, com a aprovação da Declaração n.º 29 relativa ao desporto, anexa ao Tratado de Amesterdão, com o seguinte texto: "*A Conferência salienta o significado social do desporto, em especial o seu papel na formação da identidade e na aproximação das pessoas. A Conferência convida, por isso, os órgãos e instituições da União Europeia a ouvir as associações desportivas sempre que se coloquem importantes questões relacionadas com o mundo do desporto. Neste contexto, deverá ter-se especialmente em conta as características particulares do desporto amador*".

A "Declaração de Amesterdão" foi a primeira manifestação, ao nível da UE, de uma vontade explícita de tomar em consideração as funções sociais do desporto, pondo fim a uma aproximação redutora do desporto europeu centrada nos aspectos económicos. Trata-se de um sinal de uma visão equilibrada, que condicionou pela positiva os textos comunitários ulteriores com incidência no desporto.

Com esta Declaração, e ainda que estejemos perante *soft law*, qual conclusões de presidências, orientações políticas, livros brancos ou cartas de conforto[14], deu-se um passo fundamental na abordagem

---

[14] Para RICHARD PARISH, "*The use of informal sport law measures can therefore be defended on the grounds of flexibility and sensitivity to the concerns of sport. As such, the use of soft law represents a distinct quasi-legal approach in its own right. However, soft law poses a number of problems. Although sport favours the negotiated settlement approach, the lack of clear precedents leaves the regulatory environment legally fragile and confusing. The adoption of harder measures would arguably benefit sport through the establishment of legally binding separate*

comunitária ao desporto[15], sector que passou a adquirir quase que um estatuto pseudo-constitucional[16].

A Declaração tem o mérito de manifestar uma abordagem programática do desporto não centrada nos aspectos económicos, num texto que denota uma apreciação conciliatória entre o papel público e privado do desporto, na defesa do desporto perante outros aspectos políticos, e ainda uma importante confirmação do acervo comunitário e respectiva aplicação ao desporto. No fundo, e parafraseando JUAN ANTONIO RUBIO[17], *"La incorporación del deporte al Tratado de Amsterdam declara el acento de Humanismo essencial a la Unión Europea"*.

Não obstante estes méritos, é inegável, como refere CHRISTOPHE DE KEPPER[18], que: *"(...) l'expérience a rapidement démontré qu'elle ne*

---

territories of sports autonomy and legal intervention.", "The politics of sports regulation in the EU", em *Journal of European Public Policy*, Vol. 10, 2003, Taylor and Francis Limited, Oxfordshire, p. 256.

[15] *"(...) la innovación de la Declaratión de Amsterdam fue a de introducir la idea de que las cuestiones de carácter deportivo puedan ser susceptibles de ser tratadas como tales por las autoridades de la Unión Europea y en consequencia ser objeto de programas comunitários para lo cual los agentes deportivos serán consultados."*, ANTONIO GUERRERO OLEA, "Comentário sobre la 9.ª Conferencia de Ministros Europeos responsables del Deporte: Temas tratados, resoluciones adoptadas y el problema de fondo, la posible inclusión del deporte en los Tratados", *Revista Jurídica del Deporte*, n.º. 3, p. 318. No mesmo sentido, MÁRIO TEIXEIRA: *(...) um momento chave num processo de construção europeia onde figura um espaço para as matérias estritas da expressão social do desporto."*, "Estratégia das Federações Desportivas e o Estado: Estudo das principais federações portuguesas nos ciclos olímpicos de Sydney e Atenas", Dissertação apresentada com vista à obtenção do Grau de Mestre em Gestão do Desporto, Universidade Técnica de Lisboa, FMH, 2002, p. 69.

[16] *"A force de confrontations répétées, le droit communautaire a désormais installé le sport dans un statut "pseudo-constitutionnel" en annexant à Amsterdam la declaration n.º 29 relative au sport (...)"* LOÏC GRAD, "Le sport dans le droit de l'Union européenne: Exception, derogations, spécificités et droit commun", em *Revue des Affaires Européennes*, 2001-2002/3, Mys & Breesch, Éditeurs- publishers, Gent, p. 288.

[17] *La Union Europea: Roma-Amsterdam*, Amarú Ediciones, Salamanca, 1997, p. 142.

[18] "Les implications de la construction de la Communauté européene", em *1st Juridical Seminar Sports Legislation in Europe: evolution and harmonisation*, em Sport Europe, 1992, p. 171.

serait pas d'une grand utilité dans la pratique (…)." Ou seja, cedo se percebeu a insuficiência do texto, na sua natureza quer formal quer material[19].

Isto, fundamentalmente, por estarmos em presença de um texto que vale apenas como declaração de empenho político, que não jurídico[20], não oferecendo na prática qualquer garantia de actuação, tudo dependendo da vontade política de cada um dos Estados-membros.

De qualquer maneira, tudo visto e ponderado, o balanço só pode ser positivo[21].

---

[19] Para o europedutado PIETRO MENNEA, *"La Dichiarizione sullo sport allegata al tratatto di Amsterdam nonché la dichiarazione sullo sport adottata dal Consiglio Europeo di Nizza 2000, non sono più sufficienti, né a delineare un progetto valido per tutto il vechio continente, né a garantire il raggiungimento degli obiettivi prestabiliti in ambito sportivo: questo progetto dovrebbe ormai basarsi su una nuova definizione integrale dello sport e dovrebbe essere considerato come attività inseparabile dall'educazione e dalla formazione dei giovani, dal tempo libero e dal recupero sociale degli emarginati e dei disabili. Lo sport deve, in sostanza, constituire un elemento essenziale per favorire l'educazione e l'integrazione di tutte le classi sociali (....) Lo sport deve essere in grado, inoltre, di assimilare e di adeguarsi al nuovo quadro commerciale, nell'ambito del quale deve evolversi senza peraltro perdere la propria autonomia. Con la semplice dichiarazione concernente lo sport contenuta nel Tratatto di Amsterdam e quella del Consiglio Europeo de Nizza 2000, tutto ciò diventa impossibile ed irrealizzabile: quelle dichiarazioni vanno integrate per consentire allo sport di evolversi sia in ambito economico sia in ambito sociale (...) Risulta indispensabile fornire a questa branca una base giuridica, senza la quale ogni sforzo rischia di cadere nel vuoto e di vedersi vanificato."*, Diritto..., p. 20.

[20] Segundo JAIME ANDREO, *"(...) il s'agit d'une simple declaration, qui n'a donc pas la portée juridique d'un article du traité. Mais elle constitue l'expression d'une volonté politique. Elle peut servir de base à un certain nombre d'actions et de réflexions dans le domaine sportif à l'avenir"*, "Sport et société: un modèle européen à defendre?", em Sport et Union Européenne, Ed. JEAN-MICHEL DE WAELE e ALEXANDRE HUSTING, Bruxelles, 2000, p. 61.

[21] *"(...) it became clear at the Amsterdam intergovernmental conference that sport was subordinated to what were perceived to be more important issues such as institutional reform and the single currency (...) Although this declaration is not legally binding, it nevertheless represents a significant development and commits the Community institutions to take into account the unique characteristics of sport when formulating policy"*, WILLIAM J. STEWART, Sport and the Law: the scotts perspective, T & T Clark Edinburgh, 2001, p. 96.

Em sede das reuniões informais dos Ministros do Desporto da UE, muito embora não estando os Ministros reunidos no seio de um Conselho formal[22], logo não adoptando decisões vinculativas, várias foram as posições que influenciaram o rumo tendente à inclusão do desporto no texto da Constituição Europeia[23].

Nas Conclusões do Conselho da Paderborn, presidência alemã, consta a seguinte passagem: *"Os Ministros do desporto convidam a Comissão Europeia a criar um grupo de trabalho composto por representantes dos Estados-membros da UE e pela Comissão, encarregue de estudar a questão de saber como é que os interesses específicos do desporto podem ser tidos em conta no Tratado da UE. Este grupo deve manter-se em contacto com as organizações do desporto"*.

No Programa da 2.ª Presidência portuguesa da UE (primeiro semestre de 2000), um dos temas foi precisamente a "Especificidade do desporto no Tratado". Nas Conclusões da Presidência, emanadas no Conselho Europeu de Santa Maria da Feira de 19 e 20 de Junho, consagrou-se no ponto D. (Desporto) do capítulo IV (A Europa e o Cidadão) a seguinte conclusão: *"50. O Conselho Europeu solicita à Comissão e ao Conselho que, na gestão das políticas comuns, tomem em consideração as características específicas do desporto na Europa e a sua função social"*.

Um outro grande contributo para a discussão foi dado em plena Presidência espanhola, em Almeria, na reunião que decorreu de 15 a 17 de Maio de 2002, na qual 11 Estados se manifestaram a favor da inclusão de um artigo.

O maior contributo surgiu entretanto, a 8 de Maio de 2003, na reunião de Atenas. Eis, com tradução nossa, as conclusões da presidência grega:

---

[22] Este tipo de reuniões é, em regra, catalogado de "Reuniões dos representantes dos Estados-membros no Conselho".

[23] Não se deve olvidar a importância das Reuniões de Directores Gerais, preparatórias das reuniões informais de ministros. Por exemplo, nas conclusões da reunião de Olympia, de 28 e 29 de Março de 2002, ficou expresso o seguinte: *«They also agreed the necessity to further discuss at all levels the creation of an effective policy for sport in the context of an article for sport in the Treaty of the European Union.»*.

CAPÍTULO II – *O Desporto na Constituição Europeia*   37

1. *O desporto, enquanto actividade educativa, social e ecomómica tem um particular interesse nas sociedades europeias, e consequentemente para os governos dos países-membros;*
2. *A competência do desporto e políticas com este relacionadas pertencem, indubitavelmente e em substância, aos países-membros;*
3. *A Declaração de Nice sobre o desporto, enquanto compromisso político ao mais alto nível possível- adoptada por líderes estaduais/governamentais, desenha o enquadramento para um tratamento dos assuntos em concordância com o acervo comunitário, tal como no contexto da futura Constituição Europeia;*
4. *A grande maioria de países-membros já se declarou a favor- e tal foi hoje reafirmado- de uma inclusão expressa do desporto nos sectores que pertencem à competência da União para o apoio, coordenação e acções complementares, no contexto dos princípios da subsidariedade e da proporcionalidade;*
5. *É importante sublinhar que os países-membros que colocaram reservas a uma menção expressa ao desporto e à necessidade da inclusão de um artigo específico na futura Constituição Europeia, expressaram o seu interesse em acompanhar cuidadosamente a continuação das discussões sobre o assunto na Convenção Europeia e posteriormente na CIG. Isto é muito importante porque o assunto continua em aberto, no contexto das negociações políticas para o futuro da Europa e da Constituição Europeia que será adoptada na próxima CIG;*
6. *A ausência de uma menção expressa ao desporto na futura Constituição Europeia, apesar da existência da declaração política de Nice, pode criar sérios problemas, não somente no que respeita às iniciativas da Comissão Europeia e consequentemente da UE, mas também no que respeita à implementação das políticas desportivas nacionais dos governos dos países-membros.*
Se no exercício das demais competências da UE os especiais problemas e as características específicas do desporto profissional como actividade económica não forem tidos em conta,

ou no caso de outras políticas ou acções adoptadas pela União – como por exemplo o mercado interno, as ajudas de Estado, o direito de estabelecimento e de prestação de serviço, etc – então será possivelmente muito difícil no futuro adoptar medidas nacionais para a protecção do desporto e para retrair a comercialização do desporto, medidas cujo fim é a salvaguarda do carácter social e dos valores do fair play.

A redacção de um documento pela Comissão Europeia com respeito a potenciais problemas que possam surgir da ausência de referências socialmente necessárias na implementação da legislação comunitária no domínio do desporto, seria um elemento valioso que poderia justificar a discussão do lugar do desporto na futura Constituição Europeia quer no contexto da Convenção Europeia, quer no contexto da CIG que se aproxima.

2.2. *O Conselho Europeu*

Ao labor do Conselho Europeu também muito se deve a inclusão do desporto na Constituição Europeia.

O Conselho Europeu sempre foi muito pouco interventivo em matéria de desporto. Fica mesmo para a história o Conselho Europeu de Nice, de 7 a 9 de Dezembro de 2000, passo de gigante no caminho rumo à inserção de um artigo para o desporto.[24]

---

[24] Também merecedor de referência especial foi o Conselho Europeu de Milão, em 1985, o qual, por via do Comité "ad hoc" *Citizens Europe* veio a adoptar por unanimidade o Relatório Adonnino, texto que refere que o desporto é uma importante fonte de comunicação entre povos, e convida precisamente o Conselho Europeu a propor às federações desportivas o encorajamento de iniciativas várias, tais como:

- A organização de competições da CE;
- A constituição de equipas desportivas da CE;
- O uso do emblema comunitário ao lado do emblema nacional nos calções das equipas desportivas quando de encontros internacionais;
- O intercâmbio de desportistas;
- O apoio a actividades desportivas envolvendo cidadãos portadores de deficiência.

CAPÍTULO II – *O Desporto na Constituição Europeia*

No capítulo consagrado à Europa dos Cidadãos (Europa da cultura, p. 52) pode ler-se o seguinte: *"O Conselho Europeu regista a declaração adoptada pelo Conselho sobre a especificidade do desporto."*. *Em Anexo consta então a "Declaração relativa às características específicas do desporto e a sua função social na Europa, a tomar em consideração ao executar as políticas comuns"* (adiante, abreviadamente, Declaração de Nice).

Nunca antes a relevância do desporto na UE havia sido discutida e sumarizada tão compreeensivelmente e com tanto detalhe (17 pontos) ao nível político europeu, destacando-se no seu conteúdo, a ênfase dada à função social do desporto e à responsabilidade das federações desportivas; aludem-se a perspectivas de acções comuns dos Estados para conduzirem políticas desportivas tendo em conta várias disposições dos tratados, em particular com incidência na matéria da dopagem; traçam-se princípios gerais prescritivos em auxílio dos juízos interpretativos futuros do Tribunal de Justiça das Comunidades (adiante, abreviadamente, TJC).

A ideia dos "Jogos da CE" teve a sua égide precisamente nas conclusões do Relatório Adonnino. Sucede que estes jogos, previstos para ocorrer de dois em dois anos, a partir de 1989, não se chegaram a realizar. O projecto, proposto por um consórcio com interesses comerciais, tendo um envolvimento limitado da CE, abarcava 24 modalidades. Não surtiu efeito sobretudo por ausência de viabilidade comercial, alguma relutância das federações internacionais face a um já carregado calendário, e ainda um entusiasmo muito moderado dos atletas. Ainda assim, algumas competições –sugeridas no Relatório Adonnino- tiveram sucesso: Campeonatos entre Clubes da UE em Natação, que começaram em 1987; os Jogos Europeus de Escolas; os Jogos Olímpicos Europeus da Juventude (Bruxelas, 1991, 33 países, 300.000 ECU); Rugby Union World Cup (1991, 10.000 ECU dispendidos em 80 bandeiras da CE) e Volta a França (1992), que cobriu 7 países. Houve igualmente contributos financeiros designadamente para a Regata Europeia de Vela, de 1985 – com participação da "European Sports Team" a bordo dos yachts "Tratado de Roma" e "Europa"; para a "Tour de l'Aveur", em 1986, quando, pela primeira vez a bandeira da UE foi içada numa prova desportiva-; para a *Tour Féminin* em 1991; para os Jogos Olímpicos Barcelona 1992 e para os Jogos de Albertville, o que espoletou algumas críticas de alguns Parlamentares Europeus e mesmo do Tribunal de Contas. A este respeito, ver SIMON PITTS, *Can the EU play too? The role of sport in the process of European integration*, Thesis presented for the Master of European Studies, College of Europe-Bruges-Politics Department, p. 38.

2.3. *A Comissão Europeia*

No processo tendente à inserção de um artigo para o desporto, houve três documentos emanados da Comissão Europeia (adiante, abreviadamente, Comissão) cujo conteúdo foi essencial na demarcação da especificidade do desporto.

O primeiro texto veio a lume em 1998, ano em que se editou o documento intitulado *"Evolução e perspectivas da acção comunitária no desporto"*, no qual se admite a especificidade das actividades desportivas na base de cinco funções essenciais que aquelas têm: as funções educativa, de saúde pública, social, cultural e lúdica.

No mesmo ano, a Comissão distribuiu para consulta um documento sobre o "modelo europeu de desporto" sublinhando as características específicas do desporto, em particular na Europa, chamando a atenção para o que faz perigar as estruturas desportivas de base, a saber: comercialização excessiva do desporto; ausência de protecção dos jovens desportistas de alta competição; ineficácia da luta contra a dopagem.

Já em 2003, em Atenas, na reunião ministerial de 8 e 9 de Maio, o Ministro do Desporto britânico solicitou à Comissão Europeia a elaboração de um documento com o *follow-up* da Declaração de Nice, em particular face à possibilidade de incorporar a actividade desportiva nos tratados. A resposta da Comissão[25] foi de significativa importância, ao reconhecer expressamente as insuficiências da Declaração de Nice para permitir uma política da UE em matéria de desporto, para além de, no mesmo ensejo, se manifestar agradada com os trabalhos da Convenção[26], esgrimindo os seguintes argumentos:

- O desporto como medida de apoio vai ao encontro da Declaração de Nice;

---

[25] Documento S(2003)99. N.º 6.º parágrafo do ponto 4.2 pode ler-se: *"However, recent events have shown that the Declaration of Nice has not been enough to permit the harmonious and continuous development of Community policy in the field of sport."* Elucidativo...

[26] No ponto 5, consignado aos "Resultados da Convenção", pode ler-se o seguinte: *"(...) the Commission is completely satisfied with the way in which the European Convention has dealt with sport".*

CAPÍTULO II – *O Desporto na Constituição Europeia* 41

- O apoio das competições abertas e dos jovens atletas está em consonância com o Relatório de Helsínquia[27] e com a Declaração de Nice;
- O artigo potencia uma acção comunitária em prol da dimensão europeia do desporto, sempre no respeito pela autonomia das associações desportivas e pela aplicação do princípio da solidariedade *("(...) Member States, which are chiefly responsible for policy on sport")*;
- O artigo cria um enquadramento legal que possibilita ao desporto desenvolver-se harmoniosamente, mantendo as suas funções social e educacional.

Particularmente relevante é a seguinte passagem: *"If sport were enshrined in the Treaty, it would be possible formally to set up a "Sport" Council. The Council could then participate formally in all discussions concerning sport and would be better able to define and coordinate Community action in the field of sport, as envisaged in the section concerning the Council's responsibilities in the draft Constitutional Treaty."*.

A 16 de Setembro de 2003, VIVIANE REDING [28], no Mónaco, foi inequívoca quanto à vontade da Comissão em se dar a devida atenção ao desporto, por via de uma base legal:*"(...) the European Union is sending a clear signal that it wants to play an active role in promoting and restoring sporting values and the educational and social potential of sport. The EU will be able to play this role if sport is enshrined in the future EU Constitution. (...) The reference to sport proposed by the European Convention, chaired by Valéry Giscard d'Estaing, is well conceived (...) Creating a legal basis of this kind will enable the*

---

[27] Relatório da Comissão para o Conselho Europeu com vista a salvaguardar as estruturas desportivas actuais e manter a função social do desporto no contexto comunitário, COM (1999) 644 FINAL, 10 de Dezembro de 1999. Trata-se de um relatório elaborado na sequência de uma solicitação do Conselho Europeu de Viena, de 1998, no qual a Comissão deu enfoque a alguns problemas como a sobre comercialização do desporto; a protecção dos jovens desportistas; o combate à dopagem; as implicações económicas do desporto.

[28] SPEECH/03/411.

European Union to do more for sport, alongside the action taken by national governments and sports associations".

Isto num discurso no qual a Comissária foi muito categórica, manifestando-se claramente contrária relativamente:

- À previsão de uma excepção desportiva, dando conta de que se o sector desportivo está a enfrentar uma crise, tal não é de forma alguma imputável à política comunitária, antes o resultado quer do mercado das transmissões televisivas cujas enormes receitas não são redistribuídas equitativamente a favor do desporto, quer da falta de assistência/espectadores nos recintos desportivos;
- À postura de certas federações que pressionaram os governos nacionais para que na Constituição Europeia o papel da UE no desporto fosse reduzido, verdadeira antítese dos sectores educativos e culturais que apelaram a uma maior intervenção comunitária; para a Comissária a responsabilidade pela eventual ausência de artigo deveria assim ser atribuída a estas federações;
- À reivindicação da inclusão no Tratado de uma referência à autonomia do movimento desportivo, quando essa autonomia tem sido sempre respeitada pelas instituições comunitárias e reconhecida pela jurisprudência do TJC; para mais a autonomia das organizações voluntárias é geralmente reconhecida no projecto de tratado, acrescentou;
- A pôr-se fim ao monopólio de acção das organizações não governamentais, a maioria das quais estabelecidas nos termos do direito suíço, já que a responsabilidade pelas políticas desportivas deve caber, em primeira instância, aos organismos desportivos e aos Estados-membros.

Num ulterior discurso, datado de 20 de Novembro de 2003, VIVIANE REDING[29]", na sessão Plenária do Comité das Regiões, regozijou com a inclusão do desporto na Constituição Europeia: *"(…) je me*

---

[29] SPEECH/03/556.

félicite tout particulièrement de la reconnaissance donnée au role du sport dans la construction de l'identité européenne. Le sport figure désormais u nombre des domaines d'appui, de coordination ou de complément" (...).

Em Junho de 2004, a Comissária dirigiu uma carta a todos os *"Sporting friends"*, congratulando-se com a inserção do desporto na Constituição Europeia – *"We've made it"*, disse. Sublinhando que a solução obtida não permite excepções ou isenções aos princípios basilares do Direito Comunitário, nem ainda uma harmonização legislativa ou regulamentar, a Comissária enfatizou o encorajamento potenciado pelo artigo para uma cooperação entre os organismos responsáveis pelo desporto com vista a proteger a integridade física e psíquica dos desportistas, em particular os jovens. Aludiu mesmo a um *"added value"* comunitário em matéria de desporto, concluindo: *"We have a good text"*.

A indissociabilidade entre a referência constitucional ao desporto e a avaliação do Ano Europeu da Educação pelo Desporto 2004 foi também enfatizada pela Comissária e articulada com a temática da Constituição Europeia, a 22 de Junho de 2003, em sede de conferência de imprensa reservada ao balanço, a meio do percurso daquele Ano[30]: *"Je suis persuadée que l'AEES 2004 laissera un héritage important, sur lequel la future Commission, dotée d'une référence au sport dans la Constitution, pourra se fonder pour développer une action de promotion des valeurs du sport et de lutte contre ses dérives"*[31].

---

[30] Conforme sublinhado na referida conferência de imprensa, dos 1500 projectos apresentados, 200 foram seleccionados, entre eles os seguintes: LEAPS (projecto levado a cabo pela cidade de Dublin com vista a ajudar os jovens em dificuldade a melhorar os seus resultados escolares através dos exemplos que o desporto proporcional, Euro 2004 (a acção de 70 voluntários na fase final do Campeonato Europeu de Futebol de 2004, realizada em Portugal,); e Olympic Champions of Education (28 jovens foram seleccionados pelos coordenadores nacionais do Ano, tendo por base os seus resultados escolares, a fim de preesnciarem em Atenas os Jogos Olímpicos de 2004).

[31] http://www.europa.eu.int/rapid/pressReleasesAction.do?reference= IP/04/774&format.

2.4. *O Parlamento Europeu*

Do PE partiram duas iniciativas, sem sucesso, de criação de uma Constituição Europeia: em 1984 (Projecto Spinelli) e em 1994, este último aprovado em Plenário a 10 de Fevereiro de 1994[32].

Mas no que concerne ao desporto propriamente dito, o documento de referência é a "Resolução sobre o papel da União Europeia no domínio do desporto"[33], a qual contém relevantes passagens com interesse para o nosso estudo:

> *E. Considerando que a educação para o desporto e, em particular, a formação desportiva dos jovens assumem uma importância fundamental para a saúde – nomeadamente em termos de prevenção do tabagismo, do alcoolismo e da toxicodependência, do cancro e das doenças cardiovasculares –, para o equilíbrio físico e psicológico e para a integração social; que esta função de integração social é essencial para os grupos sociais mais vulneráveis;*
>
> *(…)*
>
> *J. Considerando que é conveniente reconhecer a especificidade do desporto e a autonomia do movimento desportivo (…)*
>
> *K. Considerando que, sem prejuízo da inscrição no Tratado de um artigo consagrado ao desporto, ou mesmo da anexação ao Tratado de um protocolo sobre o desporto, é essencial que a Conferência Intergovernamental em curso inclua uma referência ao desporto no artigo 128° do Tratado;*
>
> *L. Considerando que, na sua actual formulação – e muito embora pudessem ser devidamente especificados nesse sentido –, os artigos 126° e 127° do Tratado, relativos à educação, à formação profissional e à juventude, devem desde já ser considerados como aplicáveis ao desporto;*
>
> *(…)*

---

[32] JOCE C 61, de 28 de Fevereiro de 1994.
[33] JOCE C 200, de 30 de Junho de 1997.

CAPÍTULO II – *O Desporto na Constituição Europeia* 45

Y. Considerando que, enquanto este plano de acção não for executado o desporto deve ser desde já contemplado num vasto leque de programas comunitários que até ao momento nunca lhe reservaram qualquer espaço, nomeadamente os programas dependentes das políticas regional e social, os programas relativos à educação, à formação e ao intercâmbio de jovens – SOCRATES, LEONARDO, Juventude para a Europa –, o programa de acção relativo à igualdade de oportunidades entre homens e mulheres, a acção no domínio da saúde, a acção de luta contra o racismo e a política de investigação (relações entre desporto e saúde, luta contra o doping, etc.),
(...)
2. Solicita que, para o efeito, a actual Conferência Intergovernamental inclua uma referência expressa ao desporto no artigo 128° do Tratado;
3. Realça que a União Europeia deve reconhecer a especificidade do desporto e a autonomia do movimento desportivo, na certeza de que a actividade económica gerada pelo desporto profissional não poderá eximir-se à aplicação das regras do Direito Comunitário.

Ainda do PE brotou o famoso Relatório Pack[34], de 1997, no qual se sugeria a integração do desporto no então artigo 151.º do TCE (Cultura e Educação):

(...)
K.Considerando que, sem prejuízo da inclusão no Tratado de um artigo consagrado ao desporto ou de um anexo ao Tratado ou um Protocolo também relativos ao desporto, é essencial que a actual Conferência Intergovernamental inclua uma referência ao desporto no artigo 128.ºdo Tratado;
L. Considerando que, na sua formulação actual, se puderem ser utilmente utilizados, os artigos 127.º e 128.º do Tratado, rela-

---

[34] Relatório A4-0197/97, 28 de Maio de 1997, Comissão Cultura, Juventude, Educação e Media (Relatora: Doris Pack).

tivos à educação, à formação profissional e à juventude, devem desde já aplicar-se ao domínio do desporto.

(…)

2. Solicita-se, para este fim, que a actual Conferência Intergovernamental inclua em todo o caso uma referência expressa ao desporto no artigo 128.º do Tratado.

No que tange ainda ao contributo para que o desporto figurasse nos Tratados, merece especialmente destaque o dia 7 de Setembro de 2000, data em que o PE votou a Resolução sobre o desporto[35], espoletada pelo eurodeputado português, JOSÉ RIBEIRO E CASTRO propondo no parágrafo 8.º a inserção da palavra desporto no referido artigo 151.º.

Infelizmente, esta proposta não teve seguimento na CIG de Dezembro do mesmo ano, circunstância qualificada por PIETTRO MENNEA[36] como de *"disattenzione legislativa"*. Em sua opinião, *"La conferenza intergovernativa di Nizza, di fatto, si è rivelata del tutto inutile per quanto riguarda lo sport e ciò induce molti a sperare che la prossima convenzione non presenti le stesse lacune e non perseveri nell'errore di considerare l'attività sportiva settore di seconda serie"*.

Posteriormente, o PE[37] sugeriu a inclusão do desporto *"nas matérias para as quais a acção da UE só pode intervir em complemento dos Estados-membros, os quais guardam a competência de direito comum (educação, formação, juventude, protecção civil, cultura, desportos, saúde, indústria, turismo, e contratos civis e comerciais)"*

Em 2003, o PE, volta a insistir na colocação do desporto em sede de direito primário da UE, deste feita numa Resolução sobre Mulheres e o Desporto[38] cujo parágrafo 4 refere o seguinte: *"Solicita à*

---

[35] Resolução sobre o Relatório da Comissão ao Conselho Europeu intitulado "Na óptica da salvaguarda das estruturas desportivas e da manutenção fa dunção social do desporto no âmbito comunitário- Relatório de Helsínquia sobre o desporto", JOCE C 135, de 7 de Maio de 2001, p. 274.

[36] Diritto Sportivo Europeo: scritti su alcune problematiche di diritto sportivo europeo, Delta 3 Edizioni, Itália, 2001, p. 33.

[37] V. Resolução A5-0133/2002 do PE sobre a delimitação de competências entre a UE e os Estados-membros, de 16 de Maio de 2002.

[38] Resolução 2003/0269.

Convenção Europeia que elabore uma base jurídica para o desporto, no futuro Tratado da União, que reconheça a sua função cultural, educativa e social, incluindo uma referência à igualdade de acesso das mulheres e dos homens à prática desportiva e às responsabilidades".

Merecem igualmente destaque intervenções de vários deputados ao PE.

A 26 de Setembro de 2002, 18 socialistas franceses membros do PE elaboraram colectivamente uma contribuição global para a Convenção, sendo que no final do ponto 6. subordinado à educação e cultura se pode ler que a UE *"reconhece a especificidade do desporto[39]"*.

A 13 de Fevereiro, ALAIN LAMASSORE propôs à Comissão Constitucional do PE uma lista que pretendia responder à questão: *"quem faz o quê?"*. O *Relatório Lamassoure*[40] sugere um bloco de competências complementares, enquanto âmbitos que sendo de competência nacional, a UE actua apenas para completar a acção dos Estados-membros: educação, formação, juventude, protecção civil, cultura, desporto, turismo e contratos civis e mercantis. Estas competências separam-se desde logo das competências que chama de "políticas", relativas a actividades de orientação e coordenação, sem efeitos jurídicos para terceiros (v.g. coordenação das políticas orçamentais ou de emprego).

Em resposta a esta proposta, OLIVIER DUHAMEL[41], dividiu as competências partilhadas em três partes: as competências primeiras dos Estados; as competências coordenadas; as competências primeiras da UE. O desporto figurou na primeira categoria, a par de educação, formação, juventude, protecção civil, turismo, segurança interna, justiça externa comum.

MICHEL ROCARD[42], Presidente da Comissão para a Cultura, Juventude, Formação e Meios de Informação e Desporto do PE, mostrou-se esperançado: *"(...) lo sport non è oggetto di nessunamenzione in grado*

---

[39] Ver OLIVIER DUHAMEL; Pour l'Europe: le texte integral de la Constitution explique et commenté, Éditions du Seuil, Paris, Octobre 2003, p. 64.

[40] "Questionário sobre a delimitação de competências entre a UE e os Estados--membros" – Relator: ALAIN LAMASSOURE, Doc. PE 304.265, de 15 de Junho de 2001.

[41] Op. Cit., p. 31-32.

[42] PIETRO PAOLO MENNEA, *Diritto...*, p. 11.

oggi di fornire una base giuridica alla ricerce di soluzioni a tutti questi problemi. Noi tutti auspichiamo che i lavori attuali della Convenzione permettano di fare progressi in questo ambito".

Por seu turno, MARCO FORMENTINI[43], também membro da Comissão expressou a seguinte vontade: *"Una maggioe tutela significa in termini giuridici la creazione di una base legislativa e quindi comporta elevare lo sport a livelli di legittimazione alla pari di altre materie oramai ben disciplinate nel trattato dell'Union Europea"*.

Recentemente, os eurodeputados CHRIS HEATOW-HARRIS, JOSEPH MUSCAT e JOSÉ RIBEIRO E CASTRO defenderam a "Especificidade do Desporto" como base indispensável para limitar os efeitos nocivos ou "danos colaterais" do acórdão Bosman e dos desenvolvimentos a que deu lugar[44].

2.5 *O Comité Económico e Social*

No que tange ao Comité Económico e Social, importa assinalar a tomada de posição constante no "Parecer sobre a Proposta de Decisão do PE e do Conselho que institui o Ano Europeu da Educação pelo Desporto 2004"[45]: *"O objectivo essencial de uma política única e global da UE em matéria de desporto, na qual a educação haverá de assumir um papel de destaque, deve ser criar as condições necessárias à realização das actividades desportivas".*

2.6. *O Comité das Regiões*

Por último, analisemos a posição do Comité das Regiões sobre a matéria em apreço, que pode ser encontrada em sede de um parecer

---

[43] PIETRO PAOLO MENNEA, *Il futuro dello Sport Europeo*, Ellerani Editore, Itália, 2001, p. 105.

[44] Num debate sobre "A União Europeia e o Futebol" realizado no Quadro do "2.º Seminário da UEFA sobre assuntos da UE", realizado de 30 de Setembro a 1 de Outubro, em Beuxelas.

[45] COM (2001) 584 final, SOC/092, Bruxelas, 24 de Abril de 2002.

elaborado em 1999, relativo ao "modelo europeu do desporto"[46]. Nas Conclusões pode ler-se:

> *"(…)*
> *2. (…) O Comité das Regiões acolhe positivamente a reco-mendação da reunião informal dos ministros do Desporto da União Europeia (Paderborn, 31 de Maio a 2 de Junho de 1999) à Comissão Europeia, no sentido da criação de um grupo de tra-balho para estudar a forma de integrar no Tratado da UE a pro-blemática do desporto. Com efeito, o respeito do princípio da subsidiariedade é primordial, considerada a importante função que as autarquias locais e regionais desempenham em matéria de inserção social. Estas poderão, assim, usar o desporto como meio de inserção. É, portanto, necessário preservar-lhes uma margem de manobra suficiente, independentemente da instituição de uma política global da UE em matéria de desporto".*
> *(…)*
> *4. O Comité das Regiões constata que, em virtude das com-petências atribuídas à UE pelo Tratado, até agora limitadas aos aspectos económicos do desporto, são pouco visíveis os funda-mentos do desporto e a sua importância para a Europa dos cida-dãos. Defende, por isso, o desenvolvimento de uma política euro-peia do desporto que dê mais ênfase ao papel essencial do desporto na Europa no domínio cultural e socioeconómico".*

3. O contributo da jurisprudência comunitária

A inserção do desporto na Constituição Europeia deve muito ao labor jurisprudencial do TJC, o qual, mesmo sem base jurídica para o desporto, foi progressivamente esbatendo a mera abordagem do des-porto enquanto actividade económica, assim delimitando as especifici-dades do sector.

---

[46] COM- 7/016, Bruxelas, 1 de Outubro de 1999.

Nos Acordãos *Walrave, Donà e Bosman*[47], o TJC reconheceu as características específicas do desporto, ao distinguir actividades económicas de actividades sociais.

Décadas depois, num curto espaço de tempo de três dias o TJC reafirmou, respectivamente nos Acordãos *Deliège e Lehtonen*[48], o primado do direito comunitário sobre o ordenamento jurídico desportivo, voltando a reconhecer o papel organizativo e normativo das federações, que lhes confere um dado relevo e uma certa autonomia. As passagens mais importantes destes arestos são precisamente as que se prendem com a especificidade do desporto propriamente dita.

No Acordão *Deliège*, o TJC reconheceu que nos desportos individuais são válidas as regras que imponham uma autorização ou uma selecção da federação para que um atleta profissional ou semi-profissional possa participar numa dada competição internacional (as chamadas "quotas de selecção"). Para o TJC está em causa uma necessidade inerente à organização da competição, pelo que não há qualquer restrição à livre prestação de serviços prevista no artigo 49.º do TUE (ex- artigo 59.º TCE).

Por seu turno, no Acordão *Lehtonen*, o TJC confirmou a validade das regulamentações desportivas que prossigam fins não económicos, entre eles a ética desportiva, nesse contexto podendo fixar-se certos limites. Assim, os períodos de transferência de jogadores respondem ao objectivo de assegurar a regularidade das competições desportivas, evitando que a qualquer momento da época desportiva possa haver uma transferência que venha a modificar substancialmente o valor das equi-

---

[47] Acordão do TJC, de 12 de Dezembro de1974, *Walrave e Kock c. UCI Koninklijke Nederlandsche Wiehen Unie e Federacion Espanola de Ciclismo*, Proc. n.º 36/74, CJ (1974),p. 1405; Acordão do TJC de 14 de Junho de 1976, *Gaetano Donà c. Mario Mantero*, Proc. N.º 13-76, CJ (1976), p. 1333; Acordão do TJC de 15 de Dezembro de 1995, *URBSFA c. Jean-Marc Bosman e outros e UEFA c. Jean-Marc Bosman*, Proc. nº C-415/93, CJ (1995), p. I-4921.

[48] Acordão do TJC (sexta secção), de 13 de Abril de 2000, *Jyri Lehtonen e castors Canada Dry Namur-Braine ASBL c. Féderation royale belge des sociétés de basket-ball ASBL (FRBSB)*, Proc. n.º C-176/96, CJ 2000, p. 0; Acordão do TJC, de 11 de Abril de 2000, *Christelle Deliège c. Ligue francophone de judo et disciplines associées ASBL, Ligue belge de judo ASBL, Union européenne de judo e François Pacquée*, Procs. conjuntos nº C-51/96 e C-191/97, CJ (2000), pp. 0.

CAPÍTULO II – *O Desporto na Constituição Europeia* 51

pas, comprometendo o desenrolar das competições (o risco deste comprometimento é maior no caso de existirem os chamados *play-off*).

Estamos, pois, perante dois Acórdãos que muito ajudaram o "legislador constituinte europeu" a perceber a necessidade de reconhecer expressamente a especificidade desportiva.

Refira-se ainda o muito recente[49] Acórdão do Tribunal de Primeira Instância (TPI), DAVID MECA-MEDINA e IGRO MAJCEN c. Comissão, o TPI que a proibição de dopagem se baseia em "considerações puramente desportivas", logo sem qualquer carácter económico, pelo que conclui ser errónea a premissa de que a legislação antidopagem se submete ao artito 49.º TC (pp. 47 e 68, respectivamente).

4. O contributo das organizações não governamentais desportivas

4.1. *O Grupo de Trabalho criado em 1998*

Durante um encontro presidido pelo Presidente do Comité Internacional Olímpico (adiante, abreviadamente, CIO), em Lausanne, a 24 de Março de 1998, altos responsáveis representantes das federações desportivas internacionais reuniram-se com os Comités Olímpicos Europeus[50] (adiante, abreviadamente, COE) e com a União Europeia

---

[49] Acórdão de 30 de Setembro de 2004, Proc. n.º T-313/02, http: // crenia.eu.int/Jurisp./cgi-bin/gettext.pl?lagn=en&num=79959069T19020313@doc...

[50] O COE é a organização "guarda-chuva" dos comités olímpicos europeus. Começou por chamar-se AENOC (Associação dos Comités Nacionais Olímpicos Europeus), tendo sido criada em 1997, em Versailles, contando presentemente com 48 organizações membro. As suas principais tarefas são a organização de eventos desportivos vários tais como os Jogos Olímpicos da Juventude Europeia; providenciar assistência financeira aos seus membros, em particular os do leste da Europa; e exercer *lobbying* em defesa dos interesses dos comités.

de Radiodifusão (UER), com vista a identificar e definir as áreas de interesse comum entre desporto e UE[51].

O Grupo de Trabalho propôs um aditamento ao artigo 128.º do TUE por entender que, desporto e cultura, apesar de fenómenos distintos, têm diversas características em comum tais como o significado social, o valor lúdico, a diversidade nacional e ainda a capacidade de adquirir significativa importância para suscitar interesses comerciais.

Aquilo que o Grupo defendeu foi essencialmente o seguinte:

- A Comunidade deve contribuir para o desenvolvimento e a promoção do desporto, respeitando as diversidades nacionais;
- A Comunidade deve encorajar a cooperação entre os Estados-membros e com o associativismo desportivo, e ainda, quando necessário, apoiar e complementar a acção destes através do desenvolvimento do desporto e do favorecimento da excelência desportiva;
- A Comunidade, nas suas políticas e acções ao abrigo de outras disposições do Tratado, deve ter em conta os aspectos desportivos.

Coerentemente, apresentou a seguinte proposta de texto para o artigo 128.º:

CULTURA E DESPORTO
(...)
5. A Comunidade deve contribuir para o desenvolvimento e para a promoção do desporto, reconhecendo o seu importante papel social, unificador e cultural na sociedade europeia e o

---

[51] Estiveram presentes representantes das seguintes entidades: CIO; COE; Federação Internacional de Atletismo; Federação Internacional de Basquetebol; Federação Internacional Equestre; Federação Internacional de Andebol; Federação Internacional de Voleibol; Federação Internacional de Hóquei no Gelo; Federação Internacional de Skating; Federação Internacional de Esqui; Federação Internacional Automóvel; Federação Internacional de Motociclismo; International Rugby Board; UEFA e UER.

contributo para melhorar o bem-estar humano, e respeitando a sua natureza voluntária e as diferentes tradições nacionais.

6. A acção da Comunidade relativamente ao desporto deve ter como objectivos:

- *encorajar a melhoria do acesso ao desporto a todos os níveis;*
- *encorajar a obtenção da excelência desportiva, ao nível da Comunidade e dos Estados-membros;*
- *promover a cooperação entre Estados-membros e as associações desportivas nacionais e internacionais, no respeito pela autonomia destas no que respeita à organização do desporto e às regras desportivas;*

7. A Comunidade, na sua acção com base noutros preceitos do presente Tratado, deve ter em conta as características especiais, os benefícios e as estruturas organizativas do desporto.

Foi este o primeiro contributo das ONG desportivas para a inserção do desporto no texto dos tratados .Outros se seguiram, naturalmente.

4.2 *A ENGSO*

Numa edição do seu boletim informativo[52], a posição da ENGSO (Organização Europeia de Entidades Desportivas Não Governamentais)[53], foi expressamente favorável à inserção do desporto na Consti-

---

[52] "Sports in Europe- Newsletter of the European Non-Governmental Sports Organisation" N.º 2/2003, June, p. 3".

[53] A ENGSO é uma amálgama de organismos não governamentais desportivos europeus que procura salvaguardar a independência, autonomia e o carácter voluntário do desporto. Foi criada em meados da década de 60 com a denominação de "NGO Club", só passando definitivamente a ENGSO em 1990. Actualmente tem 40 federações membro que velam pela prossecução das políticas não governamentais.

tuição Europeia: *"ENGSO supports legal base for Sport in the future European Constitution"*.

Esta tomada de posição da ENGSO surgiu na Assembleia Geral, em Estocolmo, de 25 e 26 de Abril de 2003, durante a qual a ENGSO aprovou os seus objectivos, para o biénio 2003/2004 no âmbito dos assuntos comunitários. Na respectiva acta consta a seguinte conclusão: *"ENGSO supports the efforts of the European Sporting movement demanding for a legal base for sport in the future European Constitution (sport article)" (...) It is the challenge to build a bridge between article III-182 in the new Treaty and the everyday reality of sports. European sports structures, including ENGSO, is involved in this process. In the up-coming ENGSO Forum, developments concerning sports and the EU will be an important subject of debate and deliberation"*.

Para este desiderato, a ENGSO comprometeu-se a:

- Promover um diálogo aberto entre o movimento desportivo e as instituições e Presidências da UE;
- Representar os interesses do movimento desportivo europeu e participar na discussão sobre as estruturas e as competências de uma Europa alargada, no contexto da Convenção Europeia;
- Continuar o trabalho para o reconhecimento do significado social do desporto no contexto da UE;
- Sensibilizar os organismos nacionais e europeus de coordenação e as organizações desportivas do papel do desporto como ferramenta de apoio social e económico das regiões menos favorecidas;
- Considerar a possibilidade de um compromisso da ENGSO no âmbito do Ano Europeu da Educação pelo Desporto 2004;
- Apoiar os novos Estados-membros;
- Promover a UE enquanto fonte de desenvolvimento dos membros da ENGSO.

4.3 *O Comité Internacional Olímpico*

No que se refere ao CIO, a 20 de Maio de 2003 propôs o seguinte texto de artigo a VALÉRY GISCARD D'ESTAING, com cópia para Ministros do Desporto da UE:

1. *A Comunidade contribui para o desenvolvimento do desporto nos Estados-membros no respeito pela sua diversidade nacional, do seu património desportivo comum e das estruturas tradicionais existentes neste domínio.*
2. *A acção da Comunidade visa encorajar os investimentos no desporto, em particular apoiando as iniciativas das federações desportivas que tenham por fim promover a solidariedade e a repartição equitativa dos fundos entre os desportos de elite e o desporto amador.*
3. *A Comunidade apoia igualmente as medidas adoptadas pelas federações desportivas com vista a encorajar a formação e o treino dos jovens atletas, proteger a integridade das competições, preservar a abertura e o acesso às competições desportivas europeias, combater o racismo e o abuso de drogas, tal como promover a saúde pública.*
4. *A Comunidade reconhece a competência e a autonomia das federações desportivas no que concerne à gestão e à organização adequadas dos respectivos desportos. A Comunidade reconhece igualmente que os organismos desportivos podem, em conformidade com o Direito Comunitário, aplicar as medidas necessárias à protecção do carácter e das estruturas específicas do desporto.*
5. *A Comunidade tem em conta os objectivos referidos acima na sua acção a título de outras disposições do presente Tratado.*
6. *Para contribuir para a realização dos objectivos previstos no presente artigo, e sem prejuízo do n.º 4, o Conselho pode adoptar:*

    – acções de encorajamento, com exclusão de toda a harmonização de disposições legislativas e regulamentares

> *dos Estados-membros. O Conselho estatui por unanimidade nos termos do procedimento previsto no artigo 251.º;*
>
> *– recomendações por unanimidade, sob proposta da Comissão.*

A 4 de Agosto de 2003, JACQUES ROGGE, presidente do CIO, assinou uma carta novamente remetida a todos os Ministros do Desporto da UE, desta feita agradecendo o trabalho destes em prol da inserção de um artigo para o desporto. Na mesma carta são apresentadas algumas sugestões, para efeitos da CIG, com vista à manutenção e reforço dos benefícios da Declaração de Nice, sobretudo no que se refere à autonomia das organizações desportivas e às características específicas do desporto.

A 18 de Outubro, o CIO voltou a endereçar uma carta aos Ministros do desporto avisando da necessidade de não comprometer a qualidade do artigo com a urgência do mesmo.

Aprovada a Constituição, JACQUES ROGGE naturalmente que se regozijou: *"A decisão da União Europeia de reconhecer o desporto como elemento chave na sua nova Constituição é o primeiro passo para desenvolver o desporto numa dimensão europeia. É o resultado de 10 anos de discussões e consultas entre as instituições europeias e o mundo do desporto. Estou particularmente satisfeito por verificar que estes esforços foram recompensados e que o desporto tem agora o seu próprio lugar no projecto europeu"*[54].

4.4. *A União das Associações Europeias de Futebol*

A 26 de Março de 2003, em Roma, em sede do XXVII Congresso Ordinário da **UEFA,** (União das Associações Europeias de Futebol) as 52 federações adoptaram, por unanimidade, uma resolução na qual se clamou por um enquadramento jurídico para o desporto na Constitui-

---

[54] "Revista Tempo", Ed. 14 de Julho de 2004, p. 96.

ção Europeia[55], em defesa de uma base jurídica clara, estável e consistente[56].

É o seguinte o texto da Resolução:

O Congresso da UEFA solicita o estabelecimento de uma nova base jurídica sobre o desporto no Tratado da UE revisto a fim de:

- *Inscrever o princípio da especificidade do desporto na ordem constitucional da União, em conformidade com o espírito da Declaração sobre o desporto anexa ao Tratado de Amesterdão e com as conclusões do Conselho Europeu de Nice;*
- *Reconhecer a autonomia dos organismos desportivos para o estabelecimento de regras e de regulamentos apropriados e conformes ao direito comunitário no domínio do respectivo desporto;*
- *Clarificar a aplicação das disposições do Tratado da UE e das directivas sobre o desporto em vigor;*

---

[55] A este respeito podia ler-se no Jornal "O Jogo", de 28 de Março de 2003, p. 48: "UEFA quer novo enquadramento jurídico para o Desporto" ou no Jornal "A Bola": "Ainda a especificidade do desporto: UEFA faz apelo à União Europeia".

[56] À Resolução seguiu-se o discurso de RAVN OMDAL, permitindo-nos destacar a seguinte passagem: *"the new challenge we face today concerns the legal basis for sport in the EU Treaty (...) the Convention on the Future of Europe has already begun drafting the EU's new Constitutional Treaty (...) Part of this Treaty could potentially contain a new legal basis for sport- it is no exaggeration to say that the outcome of the discussions and the nature of the final text may have profound implications for the future of sport in Europe (...) This is not about obtaining an exemption from EU or national law (...) We are not, and should never be above the law. What we do need is a greater legal certainty. The good and proper running of football demands a proper framework for sport in EU law (...) Our efforts will not cease until we have achieved our aims (...) The resolution is an important step in our campaign to give sport in Europe a better legal base for the future.",* www.uefa.com/uefa/news/Kind=128/newsId=61737.html.

- *Solicitar à Comunidade que tenha em conta a especificidade do desporto na sua acção a título de outras disposições do Tratado;*
- *Confirmar o princípio da subsidariedade no domínio do desporto, ao reconhecer o primado dos organismos desportivos e a necessidade de respeitar e de preservar a diversidade das estruturas desportivas nacionais; e*
- *Estabelecer um bom equilíbrio entre os direitos e as responsabilidades dos organismos desportivos europeus, colocando o acento sobre o encorajamento da solidariedade; a formação e o treino dos jovens jogadores; a integridade das competições, as quais devem ser abertas e acessíveis, as acções com vista a combater o racismo e a toxicodependência e a promover a saúde pública.*

O Congresso apoia plenamente os esforços do Comité Executivo da UEFA com vista a assegurar a adopção de um Protocolo sobre o desporto ou de um artigo a inserir no Tratado a fim de atingir os objectivos supracitados, e convida todas as associações membro a pedir ao respectivo governo e aos seus representantes nacionais na Convenção Europeia para apoiar esta nova base jurídica sobre o desporto.

A UEFA apresentou, de facto, duas alternativas, defendendo primacialmente o recurso a um protocolo mas sempre deixando bem claro que os resultados são mais importantes do que os meios necessários à obtenção daqueles.

Comecemos pelo "Projecto de Protocolo sobre o desporto":

As disposições do presente protocolo reconhecem o papel social e educativo do desporto e o seu impacte positivo na integração e no desenvolvimento dos países europeus.

1. Na aplicação de todas as disposições do presente Tratado, a UE tem em conta o carácter nacional das estruturas desportivas, a importância do desporto para as comuni-

dades locais e as tradições do desporto na Europa. Tem igualmente em conta a autonomia e a competência das instituições desportivas reconhecidas no que concerne à gestão e à organização dos desportos respectivos, tanto a nível nacional como a nível internacional.

2. *As características do desporto devem ser protegidas e respeitadas no espírito das Declarações sobre o desporto anexas ao Tratado de Amesterdão e de Nice. Em particular, as instituições desportivas reconhecidas são habilitadas a preservar os laços de coesão e de solidariedade entre os diferentes níveis do desporto amador e profissional, e a assegurar um equilíbrio de forças nas competições. Devem igualmente salvaguardar a integridade das competições, a identidade dos clubes e das equipas nacionais, e assegurar que as competições sejam acessíveis a todos.*

   Tendo em conta o carácter eminentemente educativo do desporto, a UE apoia as estruturas desportivas que favorecem a educação, a formação e o desenvolvimento dos jovens. Cabe às instituições desportivas reconhecidas definir as regras e as modalidades de aplicação necessárias.

3. *Para atingir estes objectivos, as instituições desportivas reconhecidas podem aplicar regras apropriadas que reflictam a especificidade do desporto.*

Atentemos agora no Projecto de artigo sobre o desporto, de conteúdo muito semelhante:

1. *A Comunidade contribui para o desenvolvimento do desporto nos Estados-membros no respeito pelas diversidades nacionais e pelas estruturas tradicionais existentes neste domínio.*

2. *A acção da Comunidade visa encorajar os investimentos no desporto em particular e apoiar as iniciativas dos organismos desportivos que tenham por fim promover a solidariedade e a repartição equitativa de fundos entre o desporto de elite e o desporto amador.*

3. A Comunidade apoia igualmente as medidas adoptadas pelos organismos desportivos que visam encorajar a formação e o treino dos jovens jogadores, proteger a integridade das competições, preservar a abertura e a acessibilidade das competições desportivas, combater o racismo e o abuso de drogas, e ainda promover a saúde pública.

4. A Comunidade reconhece a competência e a autonomia dos organismos desportivos no que concerne à gestão e organização dos respectivos desportos. A Comunidade reconhece igualmente que os organismos desportivos podem, em conformidade com o direito comunitário, aplicar as medidas necessárias à protecção do carácter e das estruturas específicas do desporto.

5. A Comunidade tem em conta os objectivos supracitados na sua acção a título de outras disposições do presente Tratado.

6. Para contribuir para a realização dos objectivos visados no presente artigo, e sem prejuízo do número 4. anterior, o Conselho pode adoptar:

> *– acções de encorajamento, com exclusão de toda a harmonização de disposições legislativas e regulamentares dos Estados-membros. O Conselho estatui por unanimidade nos termos do procedimento previsto no artigo 251.º;*
>
> *– recomendações, por unanimidade, sob proposta da Comissão.*

Não se pense que ficou por aqui o contributo da UEFA. Com efeito seguiram-se novas diligências.

A 25 de Abril de 2003, a UEFA, pela pena do Director-Geral GERHARD AIGNER, expediu uma carta a todos os titulares da pasta do desporto da UE, dando a conhecer estes textos alternativos e solicitando reuniões bilaterais, podendo condensar-se no seguinte as principais reivindicações aduzidas:

- Criar um quadro jurídico estável, claramente definido e coerente, necessário para preservar a especificidade do desporto e adaptar a UE aos novos desafios que se deparam ao desporto;
- Clarificar o papel das federações desportivas e das autoridades públicas;
- Aplicar o princípio da subsidariedade, reconhecendo a primazia do movimento desportivo e limitando a intervenção dos governos nacionais a um mínimo requerido pela natureza e pela amplitude do problema a resolver;
- Fomentar o desporto enquanto meio de integração europeia;
- Assegurar uma relação estrutural e solidária entre desporto profissional e desporto amador;
- Reconhecer o papel do desporto no reforço da identidade europeia dos atletas;
- Salvaguardar as características específicas do desporto, que se distinguem de toda outra actividade social e económica são fundamentais para o seu sucesso;
- Garantir competições equilibradas, pois estas produzem constantemente novos vencedores, favoritos e perdedores;
- Reconhecer o papel dos pequenos clubes e das pequenas localidades no surgimento de novos talentos e o inerente papel das federações no encorajamento nessas localidades de jovens atletas e posteriormente na construção, para muitos deles, de uma carreira desportiva;
- Aplicar o princípio da solidariedade entre as equipas, o qual exige que as federações desportivas possam comercializar os direitos sobre as respectivas competições; um organismo central é essencial para redistribuir os ganhos, evitando que o desporto sirva para vantagens pessoais de cada qual e que apenas os mais fortes sobrevivam.

Alguns meses mais tarde, concretamente a 3 de Outubro de 2003, a UEFA dirigiu-se a todos os membros do governo responsáveis pela área do desporto, agradecendo os respectivos esforços rumo a um melhor quadro legal para o desporto na Europa, solicitando uma cooperação bilateral e multilateral, verificado que foi um largo consenso da grande maioria dos Estados no conclave ministerial de Florença, em Outubro de 2003.

Na mesma data, foi remetida ao Governo italiano uma carta assinada pelo Presidente da UEFA, LENNART JOHANSON, e pelo Presidente da FIFA, JOSEPH BLATTER, carta essa cuja cópia foi remetida a todos os Ministros do Desporto da UE, e na qual se solicitou que o artigo incorporasse o acervo da Declaração de Nice:

- A UE, nos vários preceitos do Tratado, deve ter em conta as funções social, educacional e cultural inerentes ao desporto, as tais que fazem deste algo de especial;
- É tarefa das organizações desportivas organizar e promover as respectivas modalidades desportivas, em especial no que tange às aplicáveis regras desportivas específicas;
- As federações desportivas desempenham um papel central com vista a assegurar uma solidariedade essencial entre os vários níveis da prática desportiva, desde o desporto recreativo ao desporto de alta competição.

A 15 de Outubro de 2003 seguiu, com o mesmo teor, uma carta para o Ministro Dinamarquês e outra para a Ministra da Cultura, Desporto e Educação da Finlândia, manifestando total compreensão da UEFA pelo facto daqueles membros do governo deverem aguardar a posição do respectivo Parlamento para enfim tomarem uma posição definitiva. Ainda assim a UEFA solicitou o favor de serem sensibilizados os respectivos Ministro dos Negócios Estrangeiros e Primeiro Ministro dinamarquês, com vista a garantir que o texto consagrasse os princípios e os valores do desporto europeu. Foi igualmente solicitada uma reunião bilateral.

A 20 de Outubro de 2003, foi enviada ao Ministro irlandês uma nova carta na qual a UEFA expressou o seu desapontamento pela posição daquele membro do governo no conclave ministerial de Florença relativamente às propostas de modificação do texto do proposto artigo 182.º. Neste contexto, solicitou também uma reunião bilateral.

Concluída a CIG, também a UEFA, como é bom de ver, se regozijou com o texto final, reivindicando mesmo uma vitória: *The explicit reference to the specificity of sport marks an important political victory for UEFA and the international sports movement. Far from perfect the new text of Article 182 is nonetheless a significant improvement on the original proposals.*[57] *; "The explicit reference to the specificity of sports marks an important political victory for UEFA and the international sports movement.*

Constata-se que, pese embora o regozijo, não se considera o texto perfeito, porque incompleto e vago. E para tal muito contrinbuiu não ter ficado reconhecida a "autonomia" das organizações desportivas: *"According to Jonathan Hill, UEFA's European affairs manager, this would have simply underlined that, when it comes to running sports, the people best placed to do it are the sports bodies themselves."*[58]; *"these words, in the current text, wouldat least give sports bodies a legal prop against the challenges they now face*[59]*"*. A determinação da UEFA é, de facto, grande*: "UEFA's Hill admits that the wording "is pretty vague". It is very much open to interpretation and the truth of the matter is that Article 182 is not the end of the affair. It is the start of it. But we are fairly confident. The way we interpret it is that sport is not like another industry but has specific characteristics that make it different." In practice, Hill believes that Europe's first-ever constitution will ensure that the European Commission continues its recent practice of taking into account the legitimate interests of sporting bodies when it applies the competition rules- albeit without giving them an open goal. It should also mean that national competition authorities, which have taken an increased role in the application of anti-trust rules, do the same (...) This, Hill says, would have "simply" underlined that, when it comes to running sports, the people best placed to do that are the sports bodies themselves". But the idea, initially agreed by sports ministers, was considered a step too far by their political superiors.*

---

[57] Uefa direct, No. 21- January 2004, p. 13.

[58] http://members.tripod.com/~WymGrant/worldsoccer.html, 15 de Julho de 2004.

[59] *European Voice*, 4-10 December 2003, p. 23.

4.5. *O Agrupamento de Clubes de Futebol Europeus (G-14)*

Quer oficial quer não oficialmente, o G-14[60] enviou sugestões à Convenção, as quais são sumariadas de seguida:

- Os clubes constituem a base local do futebol, e representam a interface entre o futebol e os cidadãos europeus;
- O negócio que envolve os clubes europeus de futebol exige certeza jurídica, ou seja, um enquadramento claro, transparente, justo e consistente, não compaginável com qualquer tratamento jurídico de excepção do desporto relativamente às normas comunitárias;
- Ao futebol deve ser dada a oportunidade de crescer e de se desenvolver à imagem e semelhança do mercado interno, logo não devem ser criadas barreiras para que, sem prejuízo das reconhecidas dimensões nacionais do futebol, haja lugar à criação de uma verdadeira dimensão europeia do mesmo; manter o *status quo* retira ao desporto a sua flexibilidade e capacidade de adaptação à mudança;
- O G-14 é favorável à inclusão de uma base jurídica para o desporto na UE, e inclusivamente a integração do desporto conjuntamente com a educação, a formação profissional e a juventude, porque tal permitirá à UE promover a função social e educacional do desporto;
- O G-14 é defensor de que uma base jurídica confere legitimidade para a UE agir num domínio no qual tem um "importante papel" a desempenhar;

---

[60] Inscrito desde 23 de Novembro de 2000 no Registo Comercial do Reino da Bélgica, com sede em Bruxelas, o G-14 foi criado para a defesa dos interesses de um grupo restrito de grandes clubes europeus (inicialmente 14, agora 18), este Grupo visando maximizar receitas televisivas e exercer um *lobby* de pressão (coordenação do calendário internacional; compensações financeiras pela cedência de jogadores pelos clubes às selecções nacionais; coordenação dos períodos de transferências) junto das confederações europeia e internacional de futebol, respectivamente UEFA e FIFA.

CAPÍTULO II – *O Desporto na Constituição Europeia* 65

- O G-14 é defensor de um artigo genérico, sem demasiadas precisões ou detalhes que inclusivamente poderiam por em risco a capacidade da UE de se enquadrar num ambiente novo; as decisões políticas mais detalhadas devem ter lugar em sede de legislação secundária ou de implementação;
- O G-14 é defensor de um artigo que confira elevados níveis de autonomia às organizações desportivas nacionais e internacionais e que preveja a protecção da integridade física e moral dos jovens desportistas.

Verificado o texto final do artigo III-282.º, o G-14, à imagem e semelhança da UEFA, felicitou o resultado, mas demonstrou algum cepticismo: *"Their scepticism was shared by G14 (…) who feared that it would have given the federations too much leeway to crowd out others from the commercial side of their sport. (…) We understand that the constitution grants sport a certain independence – but only as far as mere sporting actions are concerned (…) That seems quite fair to us. Football is a sport but it is also an industry*[61]*"*.

5. O contributo do Forum Europeu do Desporto

No X Fórum Europeu do Desporto, realizado a 7 e 8 de Novembro de 2002, nas Conclusões do Grupo de Trabalho sobre a *"Integração do desporto nas políticas e acções comunitárias"* consta a posição dos cerca de 200 participantes quanto à inclusão do desporto na Constituição Europeia. A posição teve o seguinte enquadramento prévio:

- A Declaração de Nice foi um passo em frente na promoção dos valores éticos e sociais do desporto e permitiu algumas tomadas de posição da Comissão em matéria de defesa da concorrência, as quais conciliaram o direito comunitário com as especificidades do desporto (transferências de jogadores profissionais; agentes de jogadores; audiovisual; desporto auto-

---

[61] European Voice, 4-10 December 2003, p. 23.

móvel; ajudas de Estado aos clubes desportivos profissionais);

- Saúda-se o facto de o desporto ser cada vez mais objecto de preocupações comunitárias;
- Reconhece-se que o desporto é um domínio em que não existe competência comunitária específica, mas que, contudo, o desporto não deixa de estar presente nas actividades da UE; assim, no respeito da suas especificidades, o desporto deve ter em conta o ambiente legal e institucional comunitário em que se insere;
- Certas políticas comunitárias já são, actualmente, susceptíveis de contribuir como um valor acrescentado para o desporto: formação, educação, juventude, saúde- há programas e iniciativas que já podem ser utilizados pelas organizações desportivas, mas que não são suficientemente aproveitadas;
- A Comissão deve prosseguir os seus esforços com vista a assegurar uma melhor atenção ao desporto no contexto das políticas comunitárias, no respeito pela autonomia do movimento associativo e pelas competências dos Estados-membros.

Feito o enquadramento, a maior parte dos participantes defendeu a opção de um artigo como a melhor das opções tendentes a dotar o desporto de um contexto jurídico claro[62], tendo inclusivamente o repre-

---

[62] *"(10) La plupart des participants estiment qu'il devrait y avoir un environment juridique clair pour le sport et pour la politique du sport, dans l'Union européenne, qui serait fondé sur la Déclaration de Nice. Parmi les options possibles, figure l'insertion d'un article dans le traité, option qui a été considérée par un certain nombre de participants comme la réponse la plus appropriée. D'autres possibilités, telles que celle du protocole, ont été évoquées.*

(…)

(11) Cependant, quelques participants ont estimé qu'un article dans le traité n'est pás nécessaire á ce stade, dans la mésure où la situation actuelle permettre au sport une prise en compte suffisante dans le cadre du développement et de la mise en oeuvre du droit et des politiques communautaires.

(13) Quelques participants estiment qu'un projet d'article, ou tout autre développement de l'action communautaire dans le domaine du sport, devrait per-

CAPÍTULO II – *O Desporto na Constituição Europeia*   67

sentante de Portugal[63] apresentado o seguinte texto como proposta de artigo específico para o desporto no Tratado, da autoria do então Secretário de Estado da Juventude e Desportos, HERMÍNIO LOUREIRO:

1. *Considerando que os interesses do desporto não devem apenas ser tidos em consideração enquanto meros instrumentos de prossecução de outras políticas, a Comunidade levará a cabo uma política no domínio do desporto, contribuindo para a prossecução dos seguintes objectivos:*

    a) Promover a integração dos cidadãos através do desporto, em particular dos jovens, das mulheres e dos deficientes, assegurando o princípio da igualdade;

    b) Incitar os cidadãos a praticar desporto, enquanto meio de desenvolver a sua saúde física e psíquica, de preferência em contacto e no respeito pela natureza;

    c) Organizar actividades desportivas com fins sociais, no combate ao desemprego, ao racismo, à violência e à xenofobia, entre outras formas de discriminação;

    d) Promover a educação pelo desporto, por via do voluntariado e do incremento do desporto escolar;

    e) Apoiar materialmente a organização de eventos desportivos importantes de interesse europeu, quer entre os Estados-membros, quer entre estes e países terceiros, nomeadamente os Países da Europa Central e Oriental;

    f) Desenvolver a investigação científica em domínios conexos com a actividade desportiva;

    g) Assegurar o cumprimento da regulamentação não económica, que interessa unicamente ao desporto, enquanto tal;

---

mettre un appui communautaire à des politiques qui resteraient sous la responsabilité des Etats, dans le respect de l'autonomie des organisations sportives.

(14) "Les participants estiment que les travaux de la Convention constituent un espace de discussion particulièrement important pour l'avenir de l'Europe. Ils estiment que les partenaires du sport doivent y porter une attention particulière".

[63] *(12) Le représentant du Portugal a souhaité qu'un projet d'article (voir annexe) soit porté à la connaissance des participants.*

h) Promover a celebração de acordos entre parceiros sociais e os Estados-membros, nos termos do artigo 139.º.

2. *A Comunidade e os Estados-membros, no respeito pelo princípio da subsidiariedade, zelarão para que sejam asseguradas as condições necessárias ao cumprimento do disposto no número anterior.*

3. *A Comunidade procurará cooperar com o Conselho da Europa no domínio desportivo, evitando nessa medida uma sobreposição de acções.*

4. *Previamente à adopção de um acto, a Comunidade deve ouvir as associações desportivas, nos termos da "Declaração relativa ao desporto (n.º 29)" anexa ao presente Tratado.*

5. *Salvo nos casos de harmonização das legislações, os quais carecerão de unanimidade de votos dos Estados-membros, os actos a adoptar pela Comunidade na prossecução dos objectivos enunciados no n.º 1. do presente artigo serão adoptados nos termos do artigo 251.º.*

6. **O contributo da Convenção**

Os trabalhos da Convenção foram ricos no que concerne à posição da sociedade civil relativamente à posição do desporto na Constituição Europeia. De seguida, procuraremos inventariar e sumarizar elencar os diversos contributos.

6.1. *As ONG*

No documento que submeteu à Convenção, a Österreichische Bundes-Sportorganisation (Confederação Austríaca do Desporto) constatou o seguinte:

- A escassez dos meios à disposição da Comissão Europeia face às crescentes exigências estruturais ao desempenho da função social do desporto;

- A importância económica de certos sectores, designadamente o desporto profissional, com destaque para o futebol;
- A necessidade de defender a autonomia, a especificidade e a integridade do desporto;
- A necessidade de reconhecer o desporto no âmbito dos programas comunitários;
- A natureza não vinculativa da Declaração de Amesterdão;
- As vantagens de planificar a longo prazo e antecipar as políticas e as decisões da UE também no domínio do desporto.

Neste contexto, avançou com a seguinte posição: *"Para que o desporto possa desempenhar as suas importantes funções sociais, preservando as estruturas para tal necessárias, a Österreichische Bundes-Sportorganisation (BSO) recomenda a inserção no Tratado UE de um artigo dedicado ao desporto (…) A crescente interacção organizativa entre o desporto profissional e o desporto de massas faz com que a política económica da UE não deixe de surtir efeitos nessas outras esferas, designadamente no desporto amador"*.

Em Agosto de 2002, a **Deuttscher Sportbund- DSB (Confederação Alemã do Desporto) e o Nationales Olympisches Komitee für Deutschland- NOK (Comité Olímpico Alemão (NOK)** apresentaram um documento intitulado *"O desporto enquanto motor da integração europeia: Contribuição do desporto alemão para a Convenção Europeia: Síntese"*.

Neste documento foram identificadas as seguintes questões:

- A incidência da legislação e das políticas comunitárias nas esferas de intervenção das associações desportivas, designadamente na sua organização, funcionamento e financiamento;
- A necessidade de criar novas áreas de integração social para reforçar a coesão da Europa;
- A ausência de efeito prático da Declaração de Amesterdão;
- O papel do desporto no reforço da democracia: *"(…) com estruturas locais cada vez mais importantes o desporto constitui, não só a este nível mas também além fronteiras, uma forma de intervenção social voluntária"*;

- A necessidade de preservar e defender os valores próprios do desporto, em especial no que se refere à autonomia das organizações desportivas;
- A necessidade de se reconhecer a importância da função educativa, social, sanitária, cultural e integrativa do desporto na UE, equiparando o desporto, juridicamente, a áreas de intervenção como a juventude e a cultura.

Feito este enquadramento, seguiu-se a proposta: *"O desporto tem de encontrar o lugar que merece numa futura Constituição da UE (…) à luz da "Europa dos cidadãos" a que a Declaração de Laeken faz referência (…). Chegou o momento de consagrar a função social do desporto na futura Constituição Europeia, indo mais além de um mero reconhecimento político, conferindo-lhe uma base jurídica"*.

No documento que apresentou à Convenção, o **Comité Internacional Olímpico** começou por enfatizar o seguinte:

- O facto de o desporto ocupar um lugar central na sociedade, e constituir a "razão de ser" da grande maioria das associações na Europa;
- As repercussões dos actos legislativos e de outras iniciativas da UE em inúmeras facetas da actividade dos clubes e das federações, colocando na ordem do dia a problemática do funcionamento, da estrutura, e do financiamento da actividade desportiva na Europa";
- *"A estreita interacção entre o desporto de alta competição e o desporto de massas repercute no segundo as consequências nefastas de uma aplicação demasiado rigorosa da legislação europeia ao desporto"*.

Ficou também expressa a posição do CIO quanto à insuficiência jurídica das declarações: *"O COI, em cooperação com as organizações desportivas da Europa e as federações internacionais está empenhado na promoção da prática desportiva na UE e defende a identidade específica da mesma (…) As declarações de Nice e Amesterdão representam uma evolução no reconhecimento do papel do desporto na UE.*

Todavia, tais declarações, sem qualquer efeito legal, não permitem que as instituições europeias promovam plenamente o desporto e defendam a sua identidade específica".

Para o **Comité National Olympique et Sportif Français (Comité Olímpico de França),** *"O desporto é a actividade que consegue reunir de forma mais expressiva os cidadãos europeus (...) o objectivo deste contributo é, por conseguinte, demonstrar a importância do desporto na União Europeia e propor uma nova articulação das competências entre os Estados-membros e a União Europeia neste domínio (...) o CNOSF defende uma atribuição limitada e bem definida de competências à UE (competências partilhadas entre Estados-membros e UE) no domínio do desporto, que permita simultaneamente respeitar as diversidades nacionais"*.

Acrescentou ainda o seguinte:

- *"As declarações adoptadas não possuem, porém, valor jurídico, e o desporto permanece fora do âmbito do Tratado CE;*
- *"O desporto pode ser um vector de desenvolvimento de algumas políticas importantes da UE em numerosos domínios, incluindo o emprego e os assuntos sociais, a política regional da UE, a juventude, a cultura e a educação, a saúde e o ambiente"*.

6.2. *Os Governos*

Também o **Ministére des Sports Français (Ministério do Desporto de França)** contribuiu. Tal como a sua antecessora, MARIE-GEORGES BUFFET, o Ministro francês, JEAN FRANÇOIS LAMOUR, sempre se bateu pela inclusão do desporto no texto da Constituição Europeia, conforme deixou bem claro no documento submetido à Convenção: *"Pour une meilleure prise en compte des attentes du mouvement sportif actuel, le Ministère des Sports propose que la Convention européenne soit donc officiellement informée de l'intérêt de la France pour l'inclusion du sport dans le future traité sur l'Union européenne"*.

A tese governamental francesa assentou, em primeiro lugar na identificação dos seguintes factores:

- A internacionalização crescente do desporto;
- O impacte directo das políticas comunitárias no desporto europeu;
- As evoluções económicas verificadas no domínio desportivo e as respostas às mesmas dadas pelas autoridades públicas e pelas organizações desportivas não permitem a salvaguarda das estruturas actuais do desporto e sua função social;
- A multiplicação recente do contencioso comunitário demonstra bem a ausência de segurança jurídica suficiente no sector do desporto.

Inicialmente, a França apostou num texto próprio de artigo, que traduzimos, livremente, de seguida:

1. A União intervém para apoiar, completar ou coordenar as acções dos Estados-membros no domínio do desporto.

2. O Conselho, estatuindo em conformidade com o procedimento previsto no artigo N (maioria qualificada, sob proposta da Comissão e após parecer do Parlamento Europeu) e após consulta do Comité Económico e Social e do Comité das Regiões, pode, nomeadamente:

> *– Encorajar e apoiar o desenvolvimento das estruturas desportivas actuais da Europa e a sua autonomia;*
> *– Promover os valores sociais, educativos e de solidariedade entre todas as práticas desportivas;*
> *– Favorecer parcerias, a todas as escalas, entre os poderes públicos e o movimento desportivo;*
> *– Lutar contra a violência, a dopagem e todos os demais desvios à prática desportiva.*

CAPÍTULO II – *O Desporto na Constituição Europeia*   73

3. *A União e os Estados-membros favorecem a cooperação com os países terceiros e com as organizações internacionais competentes na matéria, em particular com o Conselho da Europa.*
4. *A prossecução dos objectivos previstos no presente artigo no domínio do desporto são tidos em conta na definição da execução das outras políticas da UE.*

O Governo de **Espanha** redigiu um documento para a Convenção, para além de ter submetido aos homólogos dos 15 um "Relatório sobre a inclusão do desporto na Convenção Europeia", cuja argumentação assentou, fundamentalmente nas seguintes convicções:

- O desporto deve ser entendido horizontalmente por diversas políticas comunitárias, designadamente a saúde pública (dopagem), a educação, a formação, a juventude, a igualdade de oportunidades, o audiovisual, a política da concorrência e a livre circulação;
- Existe uma vontade expressa por diversos participantes nas últimas reuniões do Fórum Europeu do Desporto no sentido de dotar os tratados de um artigo que reconheça a especificidade do desporto, permitindo o progresso em múltiplas questões horizontais que toquem o desporto, assim como criando um espaço comum de segurança jurídica como referência para construir uma política, a qual, através da cooperação intergovernamental venha a unificar as áreas em que os Estados-membros não têm capacidade de intervir;
- Resultariam inevitavelmente vantagens se a Convenção encorajasse uma profunda reflexão em torno do binómio Desporto-UE, designadamente através da consulta a peritos ou elaboração de relatórios.

Neste sentido, a Espanha voluntariou-se a colaborar: *"l'Espagne aimerait qu'il soit possible d'encourager ce processus nous permettant de réfléchir aux enjeux du Sport et à la réponse que nous pourrions apporter en faisant valoir nos compétences, sur la base d'une coopéra-*

tion ouverte entre les Etats membres et la Commission, et à la possibilité d'utiliser plus efficacement les moyens disponibles à l'échelon communautaire".

Tal espírito de colaboração motivou a proposta de um artigo, com a seguinte redacção:

1. *A União (Comunidade) contribuirá no desenvolvimento do desporto dos Estados-membros, respeitando as suas competências nacionais, e igualmente valorizando o património desportivo ou o modelo de desporto europeu federado.*
2. *A acção da Comunidade favorecerá a cooperação entre os Estados-membros e, quando necessário, apoiará e completará a acção destes nos domínios seguintes:*

   – *A melhoria do conhecimento e da difusão do desporto entre os Estados-membros;*
   – *A coordenação de acções concretas entre os Estados--membros;*
   – *O encorajamento do desenvolvimento dos valores do desporto.*

3. *A Comunidade e os Estados-membros encorajam a cooperação com os países terceiros e com as competentes organizações internacionais no domínio do desporto, em particular com o Conselho da Europa.*
4. *Na prossecução dos objectivos do presente artigo o Conselho adoptará:*

   – *estatuindo em conformidade com o procedimento previsto no artigo 251.º e após consulta ao Comité das Regiões, medidas de apoio, excluindo qualquer harmonização de disposições legislativas e regulamentares dos Estados membros. O Conselho estatui por unanimidade através do procedimento previsto no artigo 251.º, sob proposta da Comissão, a título de medidas de apoio e recomendações.*

CAPÍTULO II – *O Desporto na Constituição Europeia*   75

Quanto ao nosso país, na Sessão Plenária da Convenção, de 30 e 31 de Maio de 2003, na intervenção, enquanto representante do Governo de **Portugal**, Êrnani Lopes saudou a proposta de base jurídica para o desporto, ressalvando porém, em coerência com a contribuição que previamente também subscrevera, a preferência por um artigo exclusivamente dedicado ao desporto[64].

Já a Assembleia da República, que se manifestou claramente a favor da inserção do turismo, foi omissa quanto ao desporto, enquanto política sectorial. Com efeito, na "Resolução n.º 85/2002 sobre o Projecto de Tratado Constitucional para a UE"[65], no parágrafo 21 solicitou-se que no quadro da CIG o Governo tivesse em conta: *"As várias propostas de alteração quanto às políticas sectoriais que cosntam do presente relatório e dos seus anexos, nomeadamente a que propõe a integração de uma base jurídica para o turismo de modo que a União possa desenvolver acções de apoio, coordenação ou de complemento".*

Na edição da Revista Visão de 24 de Junho de 2004[66], o desporto figurou como uma das "apostas ganhas" da negociação portuguesa, a par das matérias da igualdade, da coesão, do método comunitário, das regiões ultraperiféricas e do turismo.

Uma referência, ainda que muito sumária, ao facto de o Conselho Superior de Desporto, órgão consultivo do membro do governo respon-

---

[64] A posição de Portugal quanto ao conteúdo global da Constituição Europeia fundou-se fundamentalmente na intransigente defesa das seguintes questões: consagração do princípio da igualdade entre Estados-membros; inclusão de uma disposição sobre coesão e solidariedade; reforço do método comunitário; consagração de uma referência à preservação do acervo comunitário; estabelecimento de cooperações reforçadas no domínio da Política Externa, Segurança e Defesa (PESD) e de uma cláusula de defesa mútua, obedecendo a uma lógica de complementaridade com a NATO; confirmação explícita da possibilidade de serem celebrados acordos bilaterais com Países Terceiros no domínio da cooperação judiciária penal quer no domínio dos transportes; previsão do controlo pelo TJC das decisões do Conselho Europeu com implicações jurídicas (e não apenas políticas); obrigatoriedade de recurso a decisão por unanimidade em matéria de política comercial comum nos casos de acordos relativos a comércio de serviços culturais, sociais, de educação e relativos a investimento estrangeiro.

[65] DR I Série A, N.º 255, de 23 de Dezembro de 2003, p. 8563.

[66] P. 65.

76   *O Desporto na Constituição Europeia*

sável pelo desporto em Portugal, ter analisado a temática em apreço em sede da sua 54.ª Reunião Plenária, de 9 deDezembro de 2003.

6.3 *Os Convencionais*

Como vimos *supra*, após o contributo da sociedade civil, houve lugar ao trabalho dos membros da Convenção, também conhecidos por Convencionais, trabalho esse igualmente decisivo para a inclusão do desporto no texto final, como aliás reconhece ÉTIENNE DE PONCINS[67]: *"La mention du sport répond à une forte demande d'une partie de la Convention, relayée par plusieurs représentants des États members, dont la France, pour ce que domaine bénéficie d'un traitement particulier."*
Efectivamente, os Convencionais formularam diversas propostas, podendo-se decompor em nove as teses defendidas:

- Os que propuseram, pura e simplesmente, retirar a referência ao desporto: LENNMARKER; MARIE NAGY; LORD TOMLINSON; JOACHIN WUERMELING e PETER ALTMAYER, INGVAR SVENSON; PARASKEVAS AVGERINO; RT HON DAVID HEATHCOAT-AMORY; JÓZEF OLEKSY; HAIN; HJELM-WALLÉN; SVENSSON;
- Os que manifestaram não serem claras as consequências de uma inclusão do desporto: LENA HJELM-WALLÉN; SVEN-OLOF PETERSOON; SÖREN LEKBERG; KENNETH KVIST;
- Os que solicitaram quer juntar no n.º 1 a necessidade de a UE respeitar o papel das organizações desportivas, quer suprimir a referência ao desenvolvimento da dimensão europeia do desporto: HAIN;
- Os que pediram para se juntar uma referência à necessidade de definição de outras políticas da UE tendo em conta os objectivos em matéria de desporto: DE VILLEPIN;

---

[67] Vers une Constitution Européenne: texte commenté du projet de traité constitutionnel établi par la Convention Européenne, Documents, 10/18, 2003, p. 112.

CAPÍTULO II – *O Desporto na Constituição Europeia*

- Os que reivindicaram para o n.º 2 a referência à promoção do desporto e ao encorajamento de parcerias entre o sector público e o movimento desportivo, para além da inserção do desporto no n.º 3: ERNÂNI LOPES e LOBO ANTUNES;
- Os que solicitaram juntar uma referência à protecção das crianças, ao papel do desporto na sociedade e ao contexto internacional do desporto: DE VRIES;
- Os que pediram para se fazer referência às políticas nacionais do desporto, nomeadamente no 2.º parágrafo do n.º 1: TENFEL;
- Os que sugeriram que, ao invés da simples palavra "desporto" figurasse a referência a *"uma contribuição ao encorajamento do desporto nos Estados-membros"*: ERWIN TEUFEL;
- Os que manifestaram não haver qualquer interesse na matéria desportiva, excepto se se quisesse substituir a identidade nacional por uma identidade europeia, e sugeriram que o orçamento nesta área fosse transferido para o Conselho da Europa: RT HON DAVID HEATHCOAT-AMORY.

A ANTÓNIO TAJANI deve-se um contributo individual, subordinado ao tema "Tutela da especificidade do desporto no ordenamento jurídico comunitário"[68].

Mais significativo foi o contributo de diversos convencionais[69], entre eles o português ERNÂNI LOPES, os quais, no documento «O lugar no desporto no futuro Tratado», defenderam sumariamente o seguinte:

– O crescente reconhecimento da especificidade do desporto a nível comunitário;
– A aplicação do princípio da subsidariedade ao desporto;

---

[68] CONV 337/02, CONTRIB 119 (Bruxelas, 10 de Outubro de 2002).

[69] CONV 478/03 (Bruxelas, 10 de Janeiro de 2003), Contrib. 183, apresentado por HUBERT HAENEL, PIERRE LEQUILLER, OLIVIER DUHAMEL, ALAIN LAMASSOURE, JOSEPH BORELL FONTELLES, GABRIEL CISNEROS LABORDA, LOUIS MICHEL et ERNANI LOPES (membros efectivos da Convenção) e PASCALE ANDRÉANI, PERVENCHE BERÈS, ROBERT BADINTER, JACQUES FLOCH, ALFONSO DASTIS, ALEJANDRO MUÑÕZ-ALONSO, CARLOS CARNERO GONZALEZ et PIERRE CHEVALIER (membros suplentes da Convenção).

– As evoluções económicas no domínio do desporto e as respostas dadas às mesmas pelas autoridades públicas e pelas organizações desportivas, pelas questões novas que se vão colocando, não permitem actualmente garantir a salvaguarda das estruturas actuais nem as especificidades do desporto e a sua função social;

– A multiplicação recente de jurisprudência comunitária, nomeadamente ao nível da aplicação das regras da UE em matéria de concorrência e de livre circulação, são fonte de incerteza jurídica para os diferentes intervenientes no domínio desportivo;

– A redacção de um texto de natureza constitucional oferece a possibilidade de inscrever o desporto no direito primário da UE e, desta forma, conferir uma atenção mais global às actividades desportivas ;

– Com vista a responder aos desafios lançados ao mundo desportivo, seria desejável consagrar no Tratado uma competência comunitária;

– Se, por motivos de redacção, a inclusão do desporto se dever efectuar de forma «reduzida», a palavra «desporto» pode ser simplesmente mencionada de entre outros domínios, como a cultura, a saúde e a educação;

– Se, pelo contrário, a tomada em conta do desporto no vovo tratado se fizer sob uma forma mais detalhada por via de um artigo relativo ao desporto, seria desejável mencionar os objectivos seguintes para definir o campo de intervenção comunitário:

a) O reconhecimento do papel das estruturas desportivas actuais na Europa e respectiva independência, enquanto elementos constitutivos de um modelo europeu de desporto;

b) A promoção dos valores sociais, educativos e de solidariedade entre todas as práticas;

c) As parcerias, a todas as escalas, entre os poderes públicos e o movimento desportivo;

CAPÍTULO II – *O Desporto na Constituição Europeia* 79

d) A luta contra todos os desvios à prática desportiva;
e) A cooperação com os países terceiros e as organizações internacionais competentes na matéria.

7. O contributo da conferência intergovernamental (CIG 2004)

No Anexo 2 de um documento datado de 6 de Fevereiro de 2003[70] consta uma nota explicativa do Praesidium à Convenção sobre os primeiros 16 artigos da Constituição Europeia. Sobre o desporto pode ler-se, no parágrafo 7.º, o seguinte: *"L'inclusion du sport et de la "protection contre les catastrophes" dans la liste des domaines d'appui donne suite aux conclusions du groupe de Mr. Christophersen et implique la création d'une base juridique spécifique pour ces deux domaines dans la Partie II de la Constitution, étant donné qu'une telle base n'existe pas dans les traités actuels (à l'heure actuelle, des actes dans le domaine de la protection civile ont été adoptes sur la base de l'article 308).".*

Face às sugestões que foi recebendo, a 22 de maio de 2003[71], convicto da necessidade de «(...) *criar uma base jurídica explícita para o desporto* (...)» – o Presidium, em comentário após a proposta de alteração do então artigo 149.º omisso quanto ao desporto, referiu o seguinte: «*Parece apropriado acrescentar uma menção explícita ao desporto no artigo 149.º relativo à educação e à juventude, sendo o desporto um dos elementos mais vastos destes domínios.*».

No dia 27 de Novembro de 2003, da CIG é emanado um documento[72] com a Proposta da presidência italiana para o Conclave Ministerial de Nápoles, cujo Anexo 28 foi consagrado ao desporto, para efeitos da reunião da CIG de Nápoles, de 27 a 29 de Novembro.

---

[70] CONV 528/03, Bruxelas, 6 de Fevereiro de 2003.

[71] SECRETARIADO: CONV. (Bruxelas, 22 de Maio de 2003) (Proposta do Praesidium).

[72] CIG 52/03, ADD 1, PRESID 10, Bruxelas, 25 de Novembro de 2003, Tema: CIG 2003.

A 9 de Dezembro de 2003, a Presidência apresentou às delegações uma adenda à proposta inicial[73], cujo Anexo 33 relativo ao desporto nada alterou na redacção, sendo que, no quadro da CIG o último documento apresentado à delegações data de 16 de Julho de 2004, com vista à Reunião de Chefes de Estado e de Governo de 17 e 18 de Junho de 2004, em Bruxelas, cujo Anexo 41 é relativo ao desporto, mantendo a redacção anteriormente acordada.

Na versão final, de 6 de Agosto, mantendo integralmente o mesmo texto, os artigos I-16.º e III-182.º passaram respectivamente, a ser os artigos I-17.º e III-282.º da Constituição Europeia[74].

---

[73] CIG 60/03 ADD 1.
[74] CIG 87/04.

CAPÍTULO III

O DESPORTO COMO DOMÍNIO DE ACÇÃO DE APOIO, DE COORDENAÇÃO OU DE COMPLEMENTO

1. Do Grupo V da Convenção ao texto final da Constituição Europeia

Nos debates da sessão de Maio da Convenção, surgiu a decisão de constituir um grupo de trabalho sobre as "competências complementares", o qual veio a ser o Grupo V, presidido por HENNING CHRISTOPHERSEN.

A expressão competências complementares[75], embora não constasse dos Tratados, era sistematicamente invocada pelas instituições comunitárias, como bem notou VALÉRY GISCARD D'ESTAING[76].

---

[75] A grande diferença entre as competências complementares e as competências concorrenciais está no facto de no último dos casos a partir do momento em que a UE/CE legisle em certas matérias, os Estados-membros não podem mais legislar sobre aquelas, senão o que for necessário para implementar tal legislação.

[76] *"Le meilleure illustration de cette dérive est l'apparition des "competences complémentaires", catégorie qui ne figure nulle part dans les traités, mais qui a fini par acquérir droit de cité dans la pratique courante des institutions européennes. L'inconvenient le plus sérieux de ce désordre était son opacité aux yeux des citoyens européens, cause à la fois d'incompréhension et de méfiance. Et même si, en théorie, ces dispositions conservaient un caractère démocratique, puisqu'elles jaillissaient de*

A este grupo foram colocadas duas questões relativamente à forma de abordar no futuro as competências complementares: convém dar aos Estados-membros toda a competência para matérias relativamente às quais actualmente a UE tem uma competência complementar ou será melhor explicitar os limites da competência complementar da UE?[77]. Foram ainda colocadas duas outras questões: será conveniente procurar novas definições ou delimitações negativas das competências comunitárias e, em caso afirmativo, de que forma? Será necessário fazer referência, no tratado, ao método aberto de coordenação e estabelecer limites ao mesmo?[78] É conveniente atribuir aos Estados-membros plenas competências relativamente a matérias em que a UE já tem competência complementar[79] ou, inversamente, torna-se necessário estender os limites da competência complementar da UE a novos domínios?[80].

Neste contexto, o Secretariado elaborou uma nota sobre o sistema actual de delimitação de competências, referindo que as competências

---

traités ou d'institutions ayant eux-mêmes leur légitimité, elles étaient dépouilliés de la qualité ultime qui authentifie le caractére démocratique: la transparence", Op. Cit., p. 40

[77] CONV 52/02.

[78] Sobre este assunto, ver a nota redigida pelo Secretariado da Convenção dirigida ao grupo de trabalho sobre a governança económica: "A coordenação das políticas nacionais: o método aberto de coordenação", Grupo de Trabalho VI, Documento de Trabalho 015, de 17 de Setembro de 2002.

[79] De acordo com os tratados ainda em vigor, a UE apoia, ou complementa, nomeadamente da seguinte forma: com um apoio comunitário na coesão económica e social (artigo 159.º TCE); com apoio e , conjuntamente, complemento, na educação (artigo149.º, n.º 1, TCE), na cultura (artigo 151.º, n.º 2, TCE) e na protecção de consumidores (artigo 153.º, n.º 3, alínea b TCE); com complemento, isoladamente, na Investigação e Desenvolvimento Tecnológico (artigo 164.º TCE); com um apoio, isoladamente, ao nível da indústria (artigo 157.º, n.º 3, TCE) e das redes transeuropeias (artigo 155.º, n.º 1, 3.ª alínea, TCE).

[80] Acabou por vir a ser este o rumo escolhido, o que motivou a seguinte afirmação de FERNANDO D'OLIVEIRA NEVES: *"O projecto de tratado agora em apreço reflecte o salto enorme do processo de integração, cujo êxito levou à extensão de competências da União a áreas que num passado não muito distante seriam impensáveis (...)"*, "Alargamento e Constituição da União Europeia: De Monnet a Metternich", em *Relações Internacionais*, n.º 02, Junho de 2004, p. 23.

CAPÍTULO III – *O Desporto como Domínio de Acção de Apoio...* 83

complementares consistem "*nos domínios para os quais a competência da União/Comunidade se limita a completar ou a apoiar a acção dos Estados-membros, a adoptar medidas de encorajamento ou a coordenar a acção dos Estados-membros. O poder de adoptar normas legislativas nestes domínos resta de maneira substancial nas mãos dos Estados-membros e a intervenção da Comunidade não pode ter como efeito excluir a intervenção dos Estados-membros*[81]".

À data, notou o Grupo, relevavam desta categoria a política económica; o emprego; a cooperação aduaneira; a educação, formação profissional e juventude; a cultura; a saúde pública; as redes transeuropeias, a indústria; a investigação e desenvolvimento; a cooperação para o desenvolvimento a política de defesa comum. Repare-se a omissão quanto ao desporto[82], embora a lista fosse aberta, tanto assim que o Grupo admitiu que no final dos trabalhos poderia ser completada[83].

Essencialmente, a modalidade da competência complementar é a expressão de uma forma de relacionamento dos vários níveis de decisão baseado na colaboração ou na cooperação, e não na repartição, forma essa que dá "*um valor acrescentado às acções conduzidas pelos Estados-membros*"[84], possibilitando que os órgãos da UE também possam actuar nos domínios em que os Estados-membros não estejam preparados para uma maior comunitarização.

A primeira recomendação do Grupo[85] foi de substituir a expressão "competências complementares" por "medidas de apoio", incluindo actos juridicamente não vinculativos, excepto em casos excepcionais.

---

[81] "Delimitação de competências entre a União Europeia e os Estados-membros- Sistema actual, problemática e vias a explorar, CONV 47/02 de 15 de Maio de 2002, que subsituiu o documento CONV 17/02, já reflectindo o debate da sessão plenária.

[82] No ponto 6. do Doc. CONV. – Grupo de Trabalho V – Documento de Trabalho 30 VER 1, pode ler-se: "*Uma proposta que prevê a adopção de medidas de apoio no domínio dos desportos internacionais não foi apoiada pela maioria*".

[83] CONV 75/02, Brussels, 31 May 2002.

[84] Terminologia utilizada pelo PE e pelo Conselho na Decisão 819/95, de 14 de Março de 1995, que estabeleceu um programa de acção comunitário SOCRATES, 8.º considerando (JOCE L 87, de 20 de Abril de 1995, p. 10).

[85] Relatório final do Grupo de Trabalho V, CONV 37571/02, de 4 de Novembro de 2002.

Em segundo lugar, o Grupo defendeu a aplicação das medidas de apoio àquelas políticas que não são objecto de transferência de competência legislativa dos Estados-membros para a UE, salvo em casos excepcionais e claramente especificados, assim permitindo que a UE apoie e complemente as políticas nacionais quando tal servir cumulativamente a UE e os Estados-membros.

A CIG acabou por ir ao encontro da proposta da Convenção, pelo que no texto final da Constituição Europeia o desporto veio a figurar como "Domínio de acção de apoio, de coordenação ou de complemento", ao abrigo do artigo I-17.º (Parte I; Título III – Competências da União) e do artigo III-282.º (Parte III – Políticas e Funcionamento da União; Título III – Políticas e Acções Internas; Capitulo V – Domínios em que a União pode decidir desenvolver uma acção de apoio, de coordenação ou de complemento; Secção 4 – Educação, Juventude, Desporto e Formação Profissional).

Chegou, pois, ao fim o "Dilema de Hamlet", ao legitimar-se, de vez, ao dar-se fundamento à intervenção da UE no domínio específico do desporto. A fazer-se, finalmente, sair o desporto do anonimato[86]...

É o seguinte o texto do artigo I-17.º:

Artigo I-17.º: Domínios de acção de apoio, de coordenação ou de complemento

A União dispõe de competência para desenvolver acções de apoio, de coordenação ou de complemento. São os seguintes esses domínios de acção, na sua finalidade europeia:

a) Protecção e melhoria da saúde humana;

---

[86] É esta a expressão utilizada por COLIN MIÉGE e JEAN-CHRISTOPHE LAPOUBLE: "*Le sport sortirait alors de l'anonymat pour figurer au rang des domaines dans lesquels l'Union peut intervener, en complement des états membres (…)* "*Il ne serait donc pas surpreennt que le consensus apparent dont bénéficie le projet d'un article sur le sport dans le traité ne recouvre des motivations quelque peu hétérogènes, voire une sorte de malentendu*", Sport & Organisations Internationales, Economica, 2004, pp. 135-136.

CAPÍTULO III – *O Desporto como Domínio de Acção de Apoio...* 85

b) *Indústria;*
c) *Cultura;*
c) *A Turismo;*
d) *Educação, juventude, desporto e formação profissional;*
e) *Protecção civil;*
f) *Cooperação administrativa.*

Por seu turno, o Artigo III-282.º reza o seguinte:

Artigo III-282.º

1. *A União contribui para o desenvolvimento de uma educação de qualidade, incentivando a cooperação entre Estados-Membros e, se necessário, apoiando e completando a sua acção. A União respeita integralmente a responsabilidade dos Estados-Membros pelo conteúdo do ensino e pela organização do sistema educativo, bem como a sua diversidade cultural e linguística.*
   A União contribui para a promoção dos aspectos europeus do desporto, tendo simultaneamente em conta as suas especificidades, as suas estruturas baseadas no voluntariado e a sua função social e educativa.
2. *A acção da União tem por objectivo:*

   a) *Desenvolver a dimensão europeia na educação, nomeadamente através da aprendizagem e divulgação das línguas dos Estados-Membros;*
   b) *Incentivar a mobilidade dos estudantes e dos professores, nomeadamente através do incentivo ao reconhecimento académico de diplomas e períodos de estudo;*
   c) *Promover a cooperação entre estabelecimentos de ensino;*
   d) *Desenvolver o intercâmbio de informações e experiências sobre questões comuns aos sistemas educativos dos Estados-Membros;*

e) Incentivar o desenvolvimento do intercâmbio de jovens e animadores sócio educativos e a participação dos jovens na vida democrática da Europa;

f) Estimular o desenvolvimento da educação à distância;

g) Desenvolver a dimensão europeia do desporto, promovendo a equidade e a abertura das competições desportivas e a cooperação entre os organismos responsáveis pelo desporto e protegendo a integridade física e moral dos desportistas, nomeadamente dos jovens.

3. A União e os Estados-Membros incentivam a cooperação com países terceiros e com as organizações internacionais competentes em matéria de educação e de desporto, especialmente com o Conselho da Europa.

4. A fim de contribuir para a realização dos objectivos enunciados no presente artigo:

a) A lei ou lei-quadro europeia estabelece acções de incentivo, com exclusão de qualquer harmonização das disposições legislativas e regulamentares dos Estados-Membros. É adoptada após consulta ao Comité das Regiões e ao Comité Económico e Social;

Procederemos de seguida ao comentário/anotação a cada um dos preceitos, naquilo que estritamente incida sobre o desporto.

2. O artigo I-17.º da Constituição Europeia: Comentário

2.1 *Efeitos ao nível das competências da UE e dos Estados-membros*

Nos termos do artigo I-17.º, a UE passa a dispor de competência para desenvolver acções de apoio, coordenação, ou de complemento no domínio de acção desporto, desde que na finalidade europeia que este encerre, por mais difícil que seja traçar a fronteira com a finalidade nacional.

Entendeu o "legislador constituinte" não autonomizar o desporto numa alínea própria, ao contrário do que sucedeu com os outros domínios de acção, a saber: a protecção e melhoria da saúde humana; a indústria; a cultura; o turismo. Assim, o desporto surgiu na mesma alínea que educação, juventude e formação profissional.

Em relação ao projecto da Convenção[87], há a notar ligeiras alterações em relação ao artigo I-17.º:

- O desporto continua a figurar conjuntamente com educação, formação profissional e juventude, não num travessão, mas sim numa alínea, deixando de ser referido em último lugar, passando a preceder a formação profissional;
- No elenco de domínios de acção, o desporto, que figurava no terceiro travessão, passa a figurar na 5.ª alínea, já que o legislador colocou a cultura numa terceira alínea (era o 4.º travessão) e foi ainda, pela primeira vez, introduzido o turismo, numa quarta alínea.

---

[87] *O projecto* (CONV 850/03; Bruxelas, 18 de Julho de 2003 (OR. fr)) *previa como artigo 16.º o seguinte texto:*

1. *A União pode desenvolver acções de apoio, de coordenação ou de complemento.*

2. *São os seguintes os domínios de acção de apoio, de coordenação ou de complemento, na sua finalidade europeia:*
   - *indústria;*
   - *protecção e melhoria da saúde humana;*
   - *educação, formação profissional, juventude e desporto;*
   - *cultura;*
   - *protecção civil.*

3. *Os actos juridicamente vinculativos adoptados pela União com base nas disposições da Parte III especificamente consagradas a esses domínios não podem implicar a harmonização das disposições legislativas e regulamentares dos Estados-Membros.*

Se quisermos entender estas mudanças como sinónimo de uma hierarquização de importância dos diferentes domínios – o que nos custa a admitir porquanto não faz sentido valorar sectores tão díspares – o legislador priorizou a cultura e o turismo face ao desporto, considerando este mais "essencial" do que a formação profissional.

De notar igualmente a vontade do legislador constituinte quanto a uma intervenção da UE, ao retirar a expressão *"A União pode"* para a substituir por *"A União dispõe de competência para"*. Se juridicamente a expressão nada altera, já simbolicamente se denota uma verdadeira diferença.

No entanto, aquilo que mais importa analisar são os efeitos materiais para o desporto, ou seja qual o regime jurídico futuro deste, em razão da sua inserção enquanto domínio de acção de apoio, de coordenação ou de complemento. No fundo, o que importa saber, é o que pode mudar.

Mas centremo-nos ainda na natureza de complemento atribuída à UE em matéria de desporto.

Ora o que resulta do artigo I-17.º é a manutenção da competência dos Estados-membros em matéria de desporto, podendo a UE apoiar ou coordenar as diversas intervenções nacionais, adoptando medidas de coordenação sempre que se demonstre ser de interesse comum da UE e dos Estados-membros. O desporto é assim entendido como um domínio essencial da soberania dos Estados, que deve imperativamente ser decidido ao nível nacional. Tal como a cultura, a política externa, a defesa, a segurança ou a justiça o desporto está no rol das matérias que os Estados consideram intrinsecamente nacionais, porque adstrito a valores e a uma história, como que uma parte da identidade que não se concebe como comum.

O complemento da UE designa um elemento que se junta a um outro elemento preexistente, funcionando como uma questão de eficácia. Por conseguinte, a competência comunitária tem a particularidade de não poder ser colocada em prática se não houver uma prévia acção nacional: há uma dependência relativamente à acção nacional, isto é, o exercício das competências comunitárias está dependente da vontade ou do desejo dos Estados de disporem de um "mais comunitário".

Estamos na esfera de uma modalidade de partilha de competências na qual uma intervenção comunitária se junta a uma acção nacional. Não implica, portanto, o desaparecimento da competência nacional significando, pelo contrário, que a realização dos objectivos comunitários repousa necessariamente na conjugação e na adição das intervenções nacional e comunitária.

Não se trata, indubitabelmente, de uma política comum nem sequer de uma política integrada como as outras, dado que a maior parte das compertências fica então na esfera nacional. Trata-se, isso sim, de um esforço comum para contribuir para o incremento do desporto nos Estados-membros.

A função da UE não é, pois, a de se substituir aos Estados-membros no exercício das suas competências, mas sim de precisar os princípios comuns aceites por aqueles no momento da assinatura do Tratado. Está em causa uma repartição material de competências, que não orgânica. Sem haver transferência de competências, os Estados acabam por reajustar as suas próprias competências.

A UE tem assim, em relação ao desporto, uma competência limitada no tipo, confinando-se a sua missão a impulsionar, a facilitar as políticas, os comportamentos, as responsabilidades dos Estados-membros[88], os quais gozam de uma espécie de "preferência de acção". À UE cabem, então, um conjunto de conceitos jurídicos indeterminados: "contribuir"; "favorecer"; "apoiar"; "completar"; "fomentar"; "reforçar"; "relançar".

Finda esta visão, na nossa tarefa de exegese a que nos propomos é essencial reter a impossibilidade de harmonização de disposições legislativas ou regulamentares dos Estados-membros.

---

[88] À luz acervo comunitário existente, temos vários casos de coordenação comunitária, entre os quais os seguintes: convites a seguir esta ou aquela linha de conduta, mas que não obrigam os Estados (artigo 249.º TCE, ex-189.º); atribuições específicas conferidas ao Conselho (artigo 37.º TCE, ex-43.º) e 152.º TCE (ex-129.º) ou à Comissão (artigo 31.º TCE (ex-37.º), 97.º TCE (ex-102.º), por exemplo, habilitando-se de uma maneira geral a Comissão a formular pareceres e recomendações sobre todas as matérias que sejam objecto do Tratado (artigo 211.º TCE, ex-155.º).

2.2 *A impossibilidade de harmonização das disposições legislativas ou regulamentares dos Estados-membros*

A resposta a esta magna questão é facilitada pela conjugação do artigo I-17.º com o 2.º parágrafo do n.º 5 do artigo I-12.º[89] e com n.º 4 do artigo III-282.º, em particular a alínea a), que excluem expressamente qualquer possibilidade de harmonização das disposições legislativas e regulamentares dos Estados-membros.

Com efeito, assume uma importância crucial, a nosso ver pela negativa, o facto de se tornar impossível harmonizar legislativa ou regulamentarmente matérias atinentes ao desporto, perpetuando-se assim o cenário actual de eventuais iguais situações de facto terem diferentes soluções de direito.

É este o risco que se corre quando se prevê uma delimitação negativa de competências tributária de uma concepção muito ampla do princípio da subsidiariedade[90], opção que agrada aos eurocépticos[91] em detrimento dos europeístas.

Ganhou, pois, uma concepção, da qual discordamos frontalmente, que entende que a UE não prossegue objectivos de política desportiva tradicionalmente associados à construção de um Estado-nação. Ganhou

---

[89] É o seguinte o texto deste parágrafo, que foi transferido do n.º 3 do artigo I-17.º: *"Os actos juridicamente vinculativos da União adoptados com base nas disposições da parte III relativas a esses domínios não podem implicar a harmonização das disposições legislativas e regulamentares dos Estados-membros"*.

[90] Esta concepção bastante ampla do princípio da subsidiariedade está na linha do direito primário em vigor, em relação a diferentes matérias como o emprego (artigo 129.º, n.º 2 TCE), 149.º/2 e 150.º/4 TCE (educação, formação profissional e jovens) e ainda cultura (artigo 151.º, n.º 5 TCE).

[91] *"Cette limitation de l'applicabilité de l'article en cause est déplorable, parce qu'elle lui enlève une grande partie de son potentiel. L'Union pourra, certes, encore prendre certaines dispositions sur cette base, mais il s'agira plutôt de mesures ponctuelles, voire financières, que de vraie législation dans le sens de règles générales et abstraites. Sur ce point, le projet constitutionnel suit donc les eurosceptiques et les premières propositions de listes rigides de compétences, qui avaient pour cible la disposition en cause comme pouvant ouvrir à l'Union de nouvelles compétences "indésirables"*, DIMITRIS N. TRIANTAFYLLOU, Le projet constitutionnel de la Convention Européenne. Présentation critique de ses choix clés, Bruyant, Bruxelles, p. 52.

CAPÍTULO III – *O Desporto como Domínio de Acção de Apoio...* 91

a teoria que defende que a UE não tem sequer vocação para promover uma amálgama de desportos europeus através de uma estratégia sistemática de mobilização progressiva de todos os isntrumentos desportivos clássicos de homogeneização.

Vingou a tese de que a UE não tem vocação para impor às políticas desportivas nacionais o respeito por um modelo mais ou menos intervencionista, nem sequer substituir as autoridades nacionais para remediar eventuais falhas. Venceu a rigidez, a visão limitada da intervenção comunitária[92].

Assim, e só para dar um exemplo, pela via do artigo III-282.º, não será possível uma harmonização da legislação antidopagem nos 25 Estados-membros, o que prejudica a obtenção de iguais soluções de direito para idênticas situações de facto.

J. V. Louis[93] é contrário à rigidez do legislador: *"(...) l'exclusion de tout acte législative (article 12) pour les actions dites de soutien, alors que des décisions normatives pourraient se reveller necessaries. (...) une chose est de vouloir préciser les limites à l'action de l'Union et préserver les compétences nationales, autre chose est de soumettre les institutions communes à des dispositions d'une telle rigidité que ces institutions pourraient ne pas être en mesure de faire face à leurs responsabilités, la reaction ne puisse qu'être nationale et dès lors, dispersée."*.

Também o eurodeputado ALAIN LAMASSOURE[94] reagiu energicamente à (então ainda possibilidade de) exclusão de harmonização: *"C'est ignorer délibérément la demande faite par les gouvernements nationaux eux-mêmes: à la dernière réunion informelle des Ministres des sports, au Danemark, onze Ministres sur quinze ont signé une*

---

[92] Neste sentido, DEHOUSSE, Franklin et COUSSENS, Wouter : *"Les compétences complémentaires dans lesquelles l'Union peut mener des actions en vue d'appuyer, de coordonner ou de compléter l'action des États membres apparaissent plutôt limitées."*, Le Traité Constitutionnel de la Convention pour l'Europe: un nouveau pás pour l'intégration européenne?, *Courrier Hebdomadaire* n.º 1808-1809, CRISP, 2003, p. 17.

[93] "Editorial: La Convention et l'avenir de l'Union Européenne", *Cahiers de Droit Europeen*, Trentehuitième année 2002, N.ºs 3-4, p. 238.

[94] Discurso fornecido pelo Ministério do Desporto Francês.

déclaration commune en faveur d'une intervention, très limitée et très ciblée, de l'Union dans ce domaine. Prenons le dopage: chaque fédération nationale de cyclisme a sa liste de produits interdits. Il faut évidemment parvenir à une liste commune. Ce sera une législation, ce sera même une harmonisation, mais selon les conclusions qui sont proposées ici, ce serait définitivement impossible. (...) Cela veut dire que l'Union n'a pas le droit d'intervenir en matière sportive en tenant compte du caractère propre du sport, mais elle a le droit de se mêler du sport à condition de le traiter comme une simple activité commerciale. Et on aboutit à l'absurde arrêt Bosman".

Estas críticas, às quais nos associamos, não podem, porém ofuscar um outro raciocínio que importa traçar, em abono do maior efeito útil possível deste artigo para o desporto da UE, raciocínio que levaremos a cabo de pronto.

Tendo em conta o facto de o artigo I-17.º ser sobre tal omisso, é possível recorrer a outras bases jurídicas que possam ter um impacte no domínio do desporto, à imagem e semelhança do que sucedeu, por exemplo, com as alterações à "Directiva Televisão Sem Fronteiras[95]" em artigos com incidência na cultura, sabendo-se que o preceito da cultura também exclui toda e qualquer harmonização sem que alguma vez a validade das bases jurídicas utilizadas tivesse sido posta em causa no TJC (As bases jurídicas a que se recorreu foram os artigos 49.º; 54.º; 63.º 100.º A; 113.º; e 235.º do TCE).[96]

Há pois, por exemplo, hipóteses de o desporto ser regulamentado ou harmonizado pela UE desde que as medidas em causa tenham por efeito a melhoria sensível das condições de estabelecimento e de funcionamento do mercado interno, numa aproximação *"bit by bit"* da UE ao desporto europeu.

---

[95] Directiva 89/552/CEE do Conselho, de 3 de Outubro de 1989 relativa à coordenação de certas disposições legislativas, regulamentares e administrativas dos Estados-membros relativas ao exercício deactividades de radiotelevisão – JOCE L 298, de 17 de Outubro de 1989, p. 23.

[96] V. Acordão do TJC Alemanha vs.PE e Conselho, Publicidade do Tabaco, Proc. C-376/98, de 5 de Outubro de 2000; anotado pela Common Market Law Review. 2001, pp. 1519-1543.

CAPÍTULO III – *O Desporto como Domínio de Acção de Apoio...* 93

Pese embora esta válvula de escape, as salvaguardas são poucas, pelo que importa dissecar as medidas legislativas que verdadeiramente, como regra, estão ao alcance do legislador comunitário em matéria de desporto.

2.3. *As "medidas discretas" ao alcance da UE*

Ora a UE pode adoptar certas medidas "discretas"[97], as quais se podem agrupar da seguinte forma:

- Um conjunto diversificado de "soft law";
- Método Aberto de Coordenação;
- Apoio financeiro;
- Assistência técnica/Cooperação administrativa;
- Projectos-piloto;
- Orientações.

2.3.1. Um conjunto diversificado de "soft law"

Com o início de vigência da Constituição Europeia, o desporto passará ser objecto de um conjunto diverso de "soft law", ou seja, actos legislativos, ainda que se circunscrevam a resoluções, recomendações, declarações, programas de acção, conclusões, códigos de conduta,

---

[97] *"Selon le projet, "les mesures d'appui couvrent les dispositions "discrètes" dans le cadre de politiques qui continuent de relever des États membres et pour lesquelles ils n'ont pas transféré leurs compétences législatives á l'Union". Ceci étant, il s'agit de domaines qui existaient précédemment. S'agissant de ces mésures, on peut toutefois s'interroger sur ce que recouvre la notion de discrétion et sur la notion d'intérêt commun comme critère d'intervention de l'Union. Il n'est pas certain que l'utilisation de ces critères d'intervention apporte davantage de clarté.",* HIDIA TAOUFIQI, "L'impact de l'essai de systématisation des compétences par la Constitution pour l'Europe", em *l'Européanisation des droits constitutionnles à la lumière de la Constitution pour l'Europe*, sous la direction de JACQUES ZILLER, Logiques Juridiques, L'Harmattan, Paris, 2004, p. 214.

entre outros instrumentos "indicativos". Falamos, efectivamente de "soft law", de actos não vinculativos, desprovidos de alcance jurídico, antes tendo um carácter político, uma mera assumpção política e moral de cumprimento, que não chega a constituir uma obrigação jurídica enquanto tal.

O recurso a estes actos encerra alguns problemas, ao ponto de o próprio PE já ter expressado a sua discordância para com a adopção de actos jurídicos de índole branda, em nome dos princípios da subsidiariedade e da proporcionalidade, bem como de um controlo rigoroso da aplicação do Direito Comunitário pelos Estados-membros.

Os actos de "soft law" articulam obrigações difusas que traduzem contradições e dificuldades dos Estados para chegar a compromissos. No limite constituem orientações associadas a um cenário em que a vontade de obrigar juridicamente ou de sancionar parece descartada e que coerentemente são desprovidos de efeito directo – não produzindo efeitos jurídicos, naturalmente que os particulares não podem invocar actos intergovernamentais em sede dos tribunais.

Tratam-se de actos de alguma complexidade, opacidade e incerteza assim como uma certa falta de transparência, consequência de um certo "terreno movediço" em que se movem, uma imprecisão e um carácter vago que colidem com a segurança jurídica e a credibilidade que se anseia para a legislação comunitária[98].

É certo que há disposições que prevêem acordos, obrigando os signatários, (existe já uma certa juridicidade) e aquelas que prevêem apenas declarações de intenção, isto é, que traduzem uma mera opinião (não imediatamente vinvulativos a nível jurídico).Mas a flexibilidade deste actos é evidente, tanto no que se refere ao instrumento em si como ao seu próprio conteúdo. Em bom rigor, os efeitos jurídicos não são claramente identificáveis, faltando-lhes algum grau de pragmatismo.

Pelo exposto, natural se torna que se refira comummente o carácter híbrido destes actos, como resultante de uma mistura de características típicas do Direito Comunitário e outras do Direito Internacional Público.

---

[98] Atente-se na inconsequência ou ausência de efeitos práticos que podem gerar recomendações com um texto como o seguinte: "Os Estados-membros recomendam que se coordene …".

Os únicos actos juridicamente vinculativos que a UE pode adoptar para o desporto são as decisões que servem de acto de base legal para as despesas, porque o orçamento da UE para o desporto pode ser atribuídos a título de medidas de apoio[99], restringindo de alguma forma a competência nacional[100].

Quem, como nós, defende que a solução vertida na Constituição Europeia não é a melhor, poderia, com algum maniqueísmo, ancorar-se na opinião de que os referidos instrumentos indicativos consistem num conjunto de prudentes generalidades. Não é essa, porém, a nossa abordagem.

Há, de facto, valências neste tipo de acto que não importa descurar, já que se os acordos políticos em si não produzem efeitos jurídicos, a estes podem suceder-se actos vinculativos. A questão fundamental que aqui se debate é virtualidade de uma articulação dos interesses em presença para servir e exercer pressões sobre os Estados, num momento em que juridicamente é impossível e indesejável ir mais além. No fundo, trabalha-se num mecanismo preparatório de outros actos posteriores, mais intensos, ou seja, num delinear programático para o futuro, definindo, portanto, o início de uma assumpção progressiva de obrigações. Um marco jurídico para a actuação futura das partes.

---

[99] Foi por Decisão Comunitária (decisões pontuais adoptadas no seio do Conselho, sem fundamento jurídico formal) que no âmbito da juventude e educação se criaram Programas de Acção como LEONARDO DA VINCI, ERASMUS, PETRA, JUVENTUDE, LINGUA, EURYDICE, TEMPUS, LEONARDO; Directivas do Conselho; Resoluções do PE e do Conselho; Comunicações, Livros Verdes e Livros Brancos da Comisão Europeia. As decisões não têm por objecto a imposição directa de obrigações nem aos cidadãos nem aos Estados-membros. São normas regulamentares ou administrativas, sem a obrigatoriedade das leis. Do carácter normativo destas decisões derivam deveres e obrigações para a UE e, logicamente, direitos para os distintos sujeitos que se contemplam naquelas como possíveis beneficiários ou destinatários das medidas dispostas por aquelas.

[100] Neste sentido, JAVIER BARNÉS: *"Ahora bien, la Unión, com base en esta competência, puede sictar actos juridicamente vinculantes y, en esa justa medida, restringir la competência estatal.",* "La distribución de competências entre la Unión y los Estados miembros en el Proyeto de Constitución Europea", em Una Constitucíon para la Ciudadanía de Europa, Madrid, Editorial Aranzadi, SA, 2004, p. 325.

No fundo é possível encontrar um certo conteúdo jurídico, digamos que indirecto e dependente, designadamente naqueles actos que contenham convites dirigidos a Estados e a instituições comunitárias no sentido destes adoptarem um comportamento determinado – por exemplo quando se solicita à Comissão que adopte uma série de iniciativas ou quando se propõe a criação de órgãos, *task forces*, grupos de trabalho ou de estudo, entre outros, no caso vertente para o domínio do desporto.

Há evidentes potencialidades que podem brotar para o desporto de tais instrumentos, dos quais em muito se pode contribuir para a boa governança do desporto na UE[101] como procuraremos, de seguida, demonstrar.

Comecemos pelas resoluções, que se reconduzem a um feixe de acções pontuais que não raras vezes vêm a redundar em acções comunitárias significativas. De facto, de uma fase "experimental" ou "prepa-

---

[101] Esta expressão foi utilizada na Primeira Conferência Europeia sobre Gestão do Desporto, realizada em Bruxelas a 26 e 27 de Fevereiro de 2001, titulada "Les Rêgles du Jeu", e organizada conjuntamente pelos COE, pela federação Internacional Automóvel e pela Sociedade de Advogados Herbert Smith. O objectivo da Conferência foi encontrar princípios de referência para a actuação dos vários actores envolvidos no desporto, não só como forma de assegurar a devida responsabilidade entre os vários intervenientes como para conferir a devida sustentação ou fundamentação aos actos assumidos por aqueles, facilitando os mecanismos de debate e controlo. Este é também um mecanismo de garantir a diversidade e as tradições das diversas modalidades desportivas.

Um dos documentos emanados tem por título "La Gestion du Sport" do qual ressalta que uma boa administração do desporto deve basear-se nos seguintes princípios: uma filiação claramente definida e apropriada das estruturas organizacionais, decisórias e administrativas; um processo de eleição democrático e transparente; uma boa definição e delimitação dos papeis e responsabilidades dos representantes eleitos, do pessoal profissional e administrativo e das instâncias dirigentes desportivas; a transparência na maneira como as estruturas organizacionais, as funções, as responsabilidades e as obrigações são definidas, controladas e aplicadas pelas instâncias dirigentes; uma comunicação eficaz entre as instâncias dirigentes e quem se sujeita à sua disciplina desportiva, assim como mecanismos de resposta aos interesses de cada qual. De realçar o clamar por um artigo nos tratados em prol precisamente da boa governança no desporto: *"En l'absence d'une référence du Traité au sport, des principes importants sur la gouvernance du sport risquent d'être développés sur une base fragmentaire et sans l'implication étroite de nombreuses fédérations et partenaires sportifs qu'ils peuvent en fin de compte affecter"*, p. 5.

CAPÍTULO III – *O Desporto como Domínio de Acção de Apoio...* 97

ratória" pode vir a nascer uma "fase definitiva", como sinal de uma evolução progressiva, podendo então a resolução criar bases para uma intervenção ulterior vinculativa da UE[102].

Assim já aconteceu, por exemplo, com o Programa *Erasmus*. Noutro âmbito o TJC sublinha no Acordão Gravier[103], a propósito da política de formação profissional prevista no então artigo 128.º do TCE, que esta mesma política se estava a estabelecer "*progressivamente*"[104] a partir de acções piloto, rumo a acções estáveis[105].

Num outro aresto, o TJC reconheceu que "*Os juízes nacionais terão que tomar em consideração as recomendações para resolver os litígios que lhes são submetidos, nomeadamente quando estas auxiliem a interpretação de disposições nacionais adoptadas com a finalidade de assegurar a respectiva execução, ou ainda quando se destinam a completar disposições comunitárias com carácter vinculativo*".[106]

Também as comunicações encerram diversos méritos. Como é sabido, a Comissão recorre com frequência a este tipo de actos, os quais podem traduzir-se em simples textos nos quais a Comissão indica qual é a sua posição face a um problema em concreto, ou revestir mesmo a forma de Livros Brancos, documentos que anunciam propostas para o futuro. Um Livro Branco do Desporto pode, diremos mesmo deve vir a ser uma realidade.

---

[102] Neste sentido, opina MIGUEL PALOMARES AMAT: "*(....) estos actos parecen erigir-se como instrumentos jurídicos proprios de ámbitos materiales no atribuidos a las Comunidades Europeas en toda su extensión sino que se articulan como "un embrion inicial" de una posterior transferencia de competencias a las Comunidades Europeas*", Los actos de los representantes de los Estados-miembros en el seno del Consejo de la Unión Europea, J. M. Bosch Editor, Barcelona, 2004, p. 30.

[103] Proc. 293/83, CJ (1985), p. 613.

[104] P. 22.

[105] Sobre o mérito do programa *Erasmus* para a integração europeia- um "case study" para futuros programas no âmbito do desporto- ver DUHAMEL:"*Comment traiter les nombreux domaines qui restent de la compétence principale des États, mais dans lesquels l'Union agit aussi, notamment par des programmes européens, souvent aussi utiles qu'appréciés? Nombre d'étudiants connaissent l'Europe par Erasmus qui permet à une partie d'entre eux d'effectuer une partie de leurs études dans un pays frère.*", Op. Cit., p. 175.

[106] Acórdão TJC, de 13 de Dezembro de 1989, Grimaldi/Fonds des maladies professionnelles, Proc. C-322/88, CJ n.º 18, pp. 4407 e ss.

A utilização de resoluções e de conclusões marca incontestavelmente uma vontade de ver tratada uma questão de interesse comum sem verdadeiramente definir as modalidades jurídicas. Neste contexto, os Estados-membros assumem que reconhecem que uma dada acção é "oportuna", mas não que é "necessária".

Para além das resoluções e das conclusões, outros actos não vinculativos podem vir a ser adoptados e aproveitados pelos Estados-membros e pela UE para incrementarem uma política desportiva adequada no seu território. Falamos concretamente das recomendações e dos pareceres.

As recomendações e os pareceres convidam os destinatários e adoptar medidas globais de aproximação ou de consenso, isto é, contêm um convite a adoptar um comportamento determinado, a tomar determinadas medidas, ou mesmo a modificar determinada legislação a fim de dar execução a preceitos contidos nos tratados.

Ambos os instrumentos prevêem obrigações auxiliares de caracter processual quer aos Estados, quer à UE, como por exemplo solicitar aos Estados que informem as instituições comunitárias das medidas adoptadas. São, pois, actos que permitem ao Conselho e à Comissão intervir num sector em que os Estados têm, eles próprios, a competência para por em prática os princípios comunitários inscritos nos tratados.

Uma palavra agora para as acções de encorajamento, as quais têm por base a seguinte ideia: perante uma similitude de problemas, a acção comunitária pode ser desencadeada, designadamente por via de decisões que estabeleçam programas de acção comunitários cuja execução plurianual conduza os Estados a uma progressiva convergência.

A noção de encorajamento assemelha-se a fomento, ou seja, reconduz-se a um conjunto de estímulos positivos da UE para levar os Estados-membros a adoptar um determinado comportamento, desde subvenções a projectos-piloto, ou certas acções simbólicas.

As acções de encorajamento são diversas: podem tratar-se de encorajamento à cooperação interestadual; de informação aos Estados-membros; de abertura de concursos financeiros por via do orçamento comunitário, entre outras. Os actos jurídicos derivados utilizados para estas acções adoptam a forma de decisões sem destinatário, não

CAPÍTULO III – *O Desporto como Domínio de Acção de Apoio...* 99

podendo impor obrigações nem aos Estados-membros nem aos cidadãos.

2.3.2. O Método Aberto de Coordenação (MAC)

No que tange ao MAC[107]" – outra via possível fruto do artigo I-17.º –, *prima facie* diremos que consiste numa nova forma de governança europeia, que surgiu no Conselho Europeu de Lisboa, em 2000, traduzindo essencialmente um consenso político sobre temas mais sensíveis para os governos.

Tal como o vinca a Comissão[108], dando o exemplo da cultura e do desporto, o MAC é a via mais indicada para a se abordarem alguns domínios excluídos do campo da harmonização regulamentar e legislativa.

Deve-se aliás à Comissão, na maioria das vezes, mas também Conselho Europeu, a implementação, desde 2000, de mecanismos de coordenação entre políticas prosseguidas autonomamente pelos Estados-membros, através do fomento da cooperação entre as autoridades dos Estados-membros. A Comissão tem, por exemplo, ainda que de forma prudente, supervisionado a política económica dos Estados--membros ou desenvolvido estratégias coordenadas de emprego.

As principais matérias nas quais o MAC tem sido utilizado são aquelas nas quais o Tratado ora não confere expressamente poderes (v.g. política juvenil) ora confere um poder político relativamente fraco (v.g. inclusão social, imigração, emprego, pensões, investigação e desenvolvimento, política industrial) para além ainda dos casos em que os poderes da UE estão especificamente circunscritos pelo tratado, nomeadamente excluindo as medidas de harmonização (v.g. educação, formação profissional, saúde pública).

---

[107] Sobre o método aberto de coordenação: http://eucenter.wisc.edu/OMC./ e GRÁINNE DE BÚRCA, The Constitutional challenge of new governance in the European Union, European Law Review, December 2003, pp. 814-839.

[108] Comunicação da Comissão: "Um projecto para a União Europeia", COM (2002) 247 de 22 de Maio de 2002.

Os Estados-membros elaboram planos de acção ou relatórios estratégicos num processo interactivo que visa criar uma maior coordenação e uma aprendizagem mútua sobre uma dada política, através de um modelo *soft* de estatégia que elabora processos de decisão, mas que acaba mesmo por implementar, através da definição de grandes linhas, de comuns princípios rectores ou programáticos, resultantes de um *policy-linkage* que compreende e maximiza a integração ou conexão de diferentes considerações políticas.

O MAC consiste num processo de planificação, exame, comparação e ajustamento das políticas entre Estados-membros na base de troca mútua de informações, fundado em objectivos comuns. É importante reter que estamos em presença de um método que envolve representantes governamentais, mas também autoridades regionais e locais, organizações da sociedade civil, entre outras, de acordo com as práticas e leis nacionais. Tanto a nível de actores como de vectores é, pois, um método bastante amplo ou diversificado.

Sem carácter vinculativo, o MAC respeita a soberania dos Estados em matérias com diferentes valores constitucionais de Estado-membro para Estado-membro, normalmente ligadas a diferentes disponibilidades orçamentais. É, então, uma forma de intergovernamentalismo e de supranacionalismo flexível, não rígida, um "federalismo cooperativo" que deixa livres as mãos dos Estados-membros.

É certo que estamos na presença de um método que necessariamente apresenta alguns inconvenientes, desde logo pelo facto de fixar objectivos sem ter em atenção a alocação de poderes, o que contribui para uma ausência de clarificação do sistema, criando a ideia de que os poderes de UE são muito amplos quando efectivamente o não são.

Acresce que o MAC envolve por vezes alguns conflitos, incompreensões, e manifestações de vontade opostas. Acontece, porém, que diversidade não deve confundir-se com segmentação, pelo que se devem colocar de lado clivagens nacionais em torno de uma identidade desportiva comum, de uma compreensão comum dos desafios contemporâneos para o desporto, em lugar de posições e reflexões dispersas.

Todavia, o conjunto de vantagens que apresenta pode ser francamente benéfico para o desporto. Efectivamente, podemos equacionar, no estrito domínio do desporto, diversas valências do MAC, designadamente ao proporcionar o seguinte:

- O estabelecimento de *standarts* internacionais;
- A delimitação de princípios directores para que cada país tenha um sistema desportivo e uma política desportiva;
- A avaliação das prioridades nacionais das políticas desportivas, com consequente debate periódico;
- Assistência e cooperaração vista a reformar, rever e melhorar a legislação desportiva e medidas conexas dos diferentes Estados-membros;
- Uma troca constante de informações e de identificação de boas práticas, isto é, de experiências e *savoir-faire*: ao compararem-se diferentes sistemas, está-se a cooperar, tirando proveito das diferentes experiências dos diferentes Estados-membros;
- A assumpção, pelos Estados-membros, de compromissos devidamente calendarizados, com uma posterior avaliação do respeito pelos mesmos e inclusivamente a publicação/difusão de estudos analíticos regulares sobre os progressos verificados em cada Estado-membro (a partir do momento em que exista um certo grau de coordenação das políticas, já não existe verdadeiramente a tentação de "fazer batota", ou seja, não é mais necessário ter um sistema de controlo muito estrito).

Um grande desafio que o artigo em análise coloca à UE reside, portanto, na maximização das virtudes do MAC. E esse desafio é bastante ambicioso, porquanto a tarefa de comparar as diferentes políticas desportivas dos Estados-membros terá necessariamente que ser voluntarista no início e envolver posições contraditórias, atentas as marcadas diferenças que existem entre alguns dos países.

Não será, indubitavelmente, tarefa fácil: *"Dans la réalité, la comparaison des structures sportives d'un pays à l'âutre révèle au mois autant d'élements de disparité que de convergence au sein de l'Union européenne. On comprend mieux, dès lors, la difficulté à établir des positions communes sur les questions sportives au cours des rencontres des ministres en charge des sports de l'Union européenne*[109]".

É certo que existem similitudes[110], precisamente aquelas que possibilitam expressões acolhidas no artigo III-282.º tais como "dimensão europeia do desporto" e "aspectos europeus do desporto" ou "finalidade europeia" do desporto.

De resto, há uma assinalável diversidade que resulta de diferentes tradições e culturas, próprias a cada Estado.

A este respeito, é útil atermo-nos na análise objectiva de RICHARD HILL[111]: *"Em termos gerais e muito racionais, os alemães fazem grandes caminhadas, os suecos andam de barco, os holandeses fazem campismo, os britânicos vão para a praia quando o tempo não está mau, os italianos do Norte e os austríacos vão para os lagos, os suíços e os noruegueses escalam montanhas, os italianos fazem grandes piqueniques no campo e os espanhóis saem pura e simplesmente de casa (14% dos seus gastos, sem incluir as bebidas alcoólicas, vão para restaurantes, cafés e contas de hotel). No Inverno, a maioria, à excepção dos mediterrânicos, vai fazer esqui. (…) Perto do Círculo Árctico, as pessoas do Norte daSuécia divertem-se com uma forma superviolenta de hockey no gelo chamada bandy e os finlandeses têm uma versão nórdica do beisebol chamada pesäpallo"*.

Também reputamos de essencial a leitura da obra de JAMES RIORDAN, ARND KRÜGER e THIERRY TERRET, da qual retiramos que não

---

[109] COLIN MIÈGE, MIÉGE, "L'Union européenne et le sport: entre déregulation et recherche de nouvelles régles", em *Revue Juridique et Economique du Sport*, n. 56, Paris, Dalloz, Septembre 2000, p. 7.

[110] Numa análise, à data dos 15 Estados-membros da UE, JOSÉ MARÍA ECHEVARRÍA, Presidente do Comité Olímpico Espanhol abordou as similitudes em artigo sobre o então Projecto de Constituição Europeia: *"Porque el deporte como actividad presenta unas características generales muy similares en los 15 países de la Unión Europea, e incluso en los 10 nuevos miembros, y puede ser tratado de forma unitária, con el concepto de que el deporte debe ser lazo de unión, de puntos de vista comunes, y no factor de enfrentamiento de intereses"*, *"El deporte en el proyecto de Constitucíon de la UE"*, *El País*, lunes 10 de noviembre de 2003, p. 64.

[111] Nós, Europeus, ASA Editores, SA, 1.ª edição, Porto, Março de 2001, pp. 358-359.

se pode sequer defender nem a existência de uma história europeia do desporto nem mesmo de uma história do desporto europeu[112].

Pode-se isso sim, na óptica dos autores, ter dois planos de análise. Num primeiro plano, podem estudar-se e identificar-se influências recíprocas bilaterais ou multilaterais, ao nível do desporto, entre as nações europeias, o que nos permite abordar, por exemplo, a "política desportiva da Europa" ou "o desporto feminino na Europa", entre outras questões. Um segundo plano possível prende-se com uma análise às especificidades do desporto na UE, algo que o desporto tem de intrínseco, e que é possível aferir numa perspectiva global comunitária.

Neste contexto, concluem os autores que o que faz sentido afirmar como existente é uma história europeia baseada nas histórias nacionais, resultante de uma justaposição dos olhares nacionais, de pesos extremamente diferentes das histórias nacionais do desporto, com diferentes contextos geopolíticos, socioculturais ou económicos, entre outros factores que tornam mesmo difícil uma síntese entre os países.

Tributários da mesma visão de RICHARD HILL, concluem os autores o seguinte: *"Par ailleurs, chaque nation est en droit de definer le sport à sa manière. L'Allemagne pourrait y inclure le naturisme et les échecs, l'Espagne la corrida, l'Angleterre le cricket et le croquet, la France la poésie et les chansons, la Russie les défilés paramilitaires, l'Italie la chasse et la boccia[113]"*.

Para além e por causa das diferenças eminentemente culturais, que espelham a tradição de cada país, as soluções orgânicas são francamente díspares ao nível dos 25 estados-membros da UE. Diferentes estruturas políticas dos Estados-membros[114] têm, de facto, como consequência inevitável uma variedade institucional entre os países, os quais, eles próprios, são por vezes erráticos e inconstantes nas soluções que acolhem. A este propósito, é de dizer que no Reino Unido se o desporto esteve em 1990 sob tutela do Ministro da Ecologia, posteriormente, passou a estar na alçada do Ministro da Educação e Ciência,

---

112 L'Histoire du Sport en Europe, L'Harmattan, Paris, 2004, p. 8.

113 P. 15.

114 Sobre este assunto, ver WALTER TOKARSI, DIRK STEINBACH, KAREN PETRY E BARBARA JESSE, Two players- One Goal?: Sport in the European Union, Meyer & Meyer Sport, London, 2004, pp. 119-126.

104   *O Desporto na Constituição Europeia*

para, três anos mais tarde, passar a depender do Ministro do Património Nacional. A quarta mudança em 7 anos ocorreu em 1997, data em que, por fim, o desporto foi transferido para o Departamento de Cultura, Media e Desporto.

Para melhor dimensionar eventuais entraves ao MAC, temos que averiguar, para que o saibamos, que soluções distintas ao nível da agência governamental existem nos 25 Estados-membros da UE.

1.	Alemanha:	Interior;
2.	Áustria:	Serviços Públicos e Desporto;
3.	Bélgica:	Habitação, Media e Desporto (Governo da Comunidade flamenga); Cultura, Função Pública, Juventude e Desportos (Governo da Comunidade francófona), Emprego, Política dos Deficientes, Media e Desporto (Governo da Comunidade germanófila);
4.	Chipre:	Educação e Cultura;
5.	Dinamarca:	Cultura;
6.	Eslováquia:	Educação;
7.	Eslovénia:	Educação, Ciência e Desporto;
8.	Espanha:	Educação, Cultura e Desportos;
9.	Estónia:	Cultura;
10.	Finlândia:	Educação;
11.	França:	Desporto, Juventude e Vida Associativa;
12.	Grécia:	Cultura;
13.	Hungria:	Criança, Juventude e Desporto;
14.	Irlanda:	(Departamento de) Arte, Desporto e Turismo;
15.	Itália:	Bens e Actividades Culturais;
16.	Letónia:	Educação e Ciência;
17.	Lituânia:	Educação e Desporto;
18.	Luxemburgo:	Educação, Formação Profissional e Desporto, embora a mais significativa lei relativa ao desporto; tenha sido emanada pelo Ministro da Educação;
19.	Malta:	Educação, Juventude, Desporto e Emprego;

CAPÍTULO III – *O Desporto como Domínio de Acção de Apoio...*   105

20.	Países baixos:	Saúde, Bem-Estar e Desporto;
21.	Polónia:	Educação Nacional e Desporto;
22.	Portugal:	Ministro-Adjunto do Primeiro-Ministro;
23.	Reino Unido:	Inglaterra: Cultura, Media e Desporto; Escócia: Cultura e Desporto; País de Gales: Cultura, Desporto e Língua;
24.	República Checa:	Educação, Juventude e Desporto;
25.	Suécia:	Interior.

Não sendo de discutir aqui o acerto das opções das Leis Orgânicas de cada Governo, não subsistem quaisquer dúvidas da gritante disparidade de soluções, o que indicia concepções distintas de política desportiva cuja coordenação aparentemente se torna mais difícil do que se oposto fosse o cenário.

Não se ficam, porém, por aqui as diferenças. Outro aspecto que cumpre destacar é o que se atém aos organismos consultivos. Por exemplo: enquanto o Irish Sports Council assume funções com implicações quer na política governamental quer na acção das organizações não governamentais, já o National Sport Council finlandês lida exclusivamente com matérias cujo impacte se circunscreve aos organismos desportivos não governamentais.

Em diversos países, os Comités Olímpicos Nacionais são o organismo "guarda-chuva" das federações desportivas, o que sucede, por exemplo com o NSF holandês ou com o CONI italiano. Noutros países, o organismo "guarda-chuva" tem estruturas separadas, designadamente nos sistemas desportivos alemão e inglês. Na Áustria, por exemplo, a representatividade é partilhada muito equilibradamente entre organismos "guarda-chuva" e clubes e associações de *per si*. Por seu turno, a Espanha não tem qualquer organismo "guarda-chuva" não governamental.

Acresce que se há vários Comités Olímpicos Nacionais que dependem financeira ou administrativamente dos Governos dos respectivos países – o CNOSF, em França, e o HOC na Holanda são exemplos paradigmáticos –, outros há completamente independentes, em países como a Suécia ou a Áustria.

De qualquer maneira, ainda que difiram os tipos, números e alcance dos organismos "guarda-chuva", há contudo algumas simili-

106   *O Desporto na Constituição Europeia*

tudes, desde logo porque representam diferentes clubes de uma mesma e concreta modalidade desportiva, já que em regra há uma só federação por desporto (a única excepção verifica-se na Grã-Bretanha, onde os atletas e os clubes desportivos de uma dada modalidade estão organizados em federações distintas, e muitas vezes divididos consoante se tratem de atletas homens ou mulheres, ou atletas profissionais e não profissionais).

Outros traços em comum podem identificar-se quer no facto de os clubes constituírem a base das actividades desportivas em todos os Estados-membros da UE – por mais divergente que seja o número de país para país – quer no facto de em todos os países da UE existir uma clara demarcação do âmbito de actuação entre organismos governamentais, por um lado, e organismos não governamentais, por outro.

Do ponto de vista do financiamento para o desporto, há países, como a Dinamarca, a Itália e a Suécia, nos quais a maior parte do apoio público ao desporto é proveniente das comunidades regionais e locais, centrado na construção de infra-estruturas desportivas e respectivas acessibilidades. Noutros países, a maioria do financiamento radica no "poder central".

Podemos identificar como com um finaciamento público elevado a Dinamarca (39%), a França (38%), Portugal (35%) e Bélgica, comunidade francófona (33%). Com um financiamento privado elevado, destacam-se a Espanha (86%), o Reino Unido (84%), a Itália (81%), a Alemanha (73%) e a Bélgica, comunidade flamenga (70%)[115].

Ainda no que toca ao financiamento nem todos os países contam com importantes receitas oriundas dos chamados "jogos de fortuna e azar", fonte importante de apoio na Grécia, em Espanha e em Portugal.

Pese embora a grande maioria dos países não ser intervencionista, a tendência parece apontar para aí. Veja-se o caso da Holanda, um exemplo clássico de política desportiva liberal, país no qual está em curso de preparação uma regulamentação específica com vista a proteger os assuntos desportivos de implicações negativas emergentes de disposições legislativas e regulamentares de outras matérias.

---

[115] Dados retirados do documento elaborado pela DG X da Comissão, em Setembro de 1999 titulado de "Desporto e Emprego na Europa", relatório final, PR – DIV/99-09/06, pp. 49-50.

Mas pare que se perceba melhor a clivagem entre a Europa do Norte liberal e a Europa do Sul, atente-se num estudo elaborado por André-Noël Chaker[116]:

ESTADOS-MEMBROS DA UE[117]

PAÍS	MODELO LEGISLATIVO	JURISDIÇÃO GOVERNAMENTAL DESPORTIVO	MOVIMENTO ASSOCIATIVO
Alemanha	Não intervencionista	Descentralizada	Não consolidado
Áustria	Não intervencionista	Descentralizada	Não consolidado
Bélgica	Não intervencionista	Descentralizada	Consolidado
Chipre	Não intervencionista	Centralizada	Não consolidado
Dinamarca	Não intervencionista	Centralizada	Consolidado
Eslovénia	Intervencionista	Centralizada	Consolidado
Espanha	Intervencionista	Descentralizada	Não consolidado
Finlândia	Não intervencionista	Centralizada	Não consolidado
França	Intervencionista	Centralizada	Consolidado
Hungria	Intervencionista	Centralizada	Não consolidado
Itália	Intervencionista	Centralizada	Consolidado
Lituânia	Não intervencionista	Centralizada	Não consolidado
Luxemburgo	Intervencionista	Centralizada	Consolidado
Portugal	Intervencionista	Centralizada	Não consolidado
Reino Unido	Não intervencionista	Centralizada	Não consolidado
República Checa	Não intervencionista	Centralizada	Não consolidado
Roménia	Intervencionista	Centralizada	Não consolidado

[116] Études des législations nationales relatives au sport en Europe, Éditions du Conseil de l'Europe, Strasbourg, 1999, p. 54.

[117] Considerando o universo de uma UE com 25 Estados-membros.

Podemos deste estudo identificar três tipos de modelos:

Modelo Intervencionista (Ex: França, Espanha e Portugal)[118]

- O Desporto é considerado como um serviço público;
- O Estado assume responsabilidades de promoção e desenvolvimento;
- A autonomia do movimento associativo prende-se apenas no âmbito de matérias de carácter específico das competições.

Modelo não intervencionista (Ex: Alemanha, Holanda, Reino Unido)

- As actividades desportivas são consideradas como uma expressão da livre iniciativa dos cidadãos, pelo que a promoção e o desenvolvimento do desporto cabem ao movimento associativo, restando ao Estado a criação das necessárias condições para permitir a prática do desporto.

Modelo descentralizado (Ex: os Laender na Alemanha; as regiões autonómicas na Espanha; as comunidades linguísticas na Bélgica)

- Importância dos governos local e regional;
- Mecanismos de consulta e coordenação entre o poder central e as autoridades local e regional;
- Multiplicidade de legislação.

---

[118] Sobre os governos intervencionistas, ver KEN FOSTER: *"It is argued that interventionist sports policies produce uniform regulation, better governance, greater public accountability and prevent alternative governing bodies proliferating. Where state intervention is reinforced with state funding, the threat of derecognition is a powerful regulatory tool for the state. By comparison, non-interventionist states regulate sports federations under the general private law of associations. This allows them greater freedom from state general private law associations. This allows them greater freedom from state interference but makes them less accountable*, "Can sport be regulated by Europe?: an analysis of alternative models", em *Professional Sport in the EU: Regulation and Re-regulation*, TMC Asser Press, p. 62.

Chegados aqui, há uma questão que importa enfrentar: como comparar e coordenar, por exemplo, o sistema alemão com o sistema francês? Embora sejam ambos sistemas desportivos descentralizados, na Alemanha o núcleo fundamental da prática desportiva é exclusivo das organizações privadas. Por seu turno, o intervencionismo público em França é substancial. Acresce que, enquanto na Alemanha não há elaboração de legislação específica sobre o desporto nem ao nível federal nem ao nível dos Länder, em França a legislação desportiva prolifera avassaladoramente.

Em referência à França, diga-se que neste país vigora uma concepção completamente consolidada do desporto enquanto serviço público, o qual garante e obriga ao exercício de delegação de poderes públicos a distintas organizações, quando estas actuem ou exerçam funções de serviço público. Entrevê-se aqui a explicação pelo facto de o Ministério que tutela a área do desporto em França ter cerca de 7 mil funcionários, em contraponto, por exemplo, com apenas dezenas de funcionários ou agentes da Sport and Recreation Division no Reino Unido...

Também a Bélgica tem uma política intervencionista: a política desportiva belga, fragmentada em comunidades culturais distintas – a francesa, a flamenga e a alemã – tem um corte ou uma inspiração francesa, no sentido em que se baseia num profundo intervencionismo público, assente num estruturado sistema de subvenções públicas, designadamente a favor das federações desportivas. Como encontrar então a bissectriz, por exemplo com a lógica privatística da Holanda?

E, de igual sorte, na Europa do Norte há diferenças a assinalar. Desde logo a Áustria, ao contrário do que sucede na Alemanha, tem uma produção legislativa em matéria desportiva muito mais ampla, ao ponto de quase todos os Länder disporem de legislação própria. Já a Dinamarca converge com a Alemanha ao deixar plena liberdade de actuação às associações privadas, limitando-se a Administração pública a um papel de colaboração nos aspectos desportivos com uma especial relevância social, designadamente o desporto escolar, o desporto para cidadãos portadores de deficiência ou o desporto para imigrantes.

Cabe, pois, voltar a questionar: como comparar países com diferente peso específico da administração pública?

Como coordenar países cujo contexto geográfico se caracteriza por uma grande heterogeneidade de competências, sendo certo que podemos encontrar países cuja estrutura de Estado não prevê regiões e outros onde as regiões têm um papel essencial na organização nacional?

Às considerações equestões anteriormente tecidas e colocadas, há ainda que aditar a circunstância de os sectores privados também diferirem, embora seja mais fácil neste capítulo encontrar uma certa homogeneidade de políticas e de actuações concretas. Quanto às ONG desportivas, diferem de país para país consoante o nível de implantação da democracia, a cultura e as diferentes estruturas desportivas: há Estados-membros da UE nos quais o Comité Olímpico é a única organização-chuva; noutros há uma coabitação com uma Confederação; outros nem sequer têm um Comité Olímpico; outros ainda têm apenas uma Confederação.

Elencadas e valoradas as razões que justificam alguns entraves à aplicação do MAC, a impostação do problema redundará em saber até que ponto a UE, na sua tarefa de aplicação do MAC, conseguirá aferir e sensibilizar os Estados-membros para um modelo mais convergente, mais próximo do ideal, se tal se vier a demonstrar como uma mais valia, uma eficácia para a UE e para o desporto.

Importa, por isso não amputar a UE das suas responsabilidades na demonstração aos Estados-membros de que é importante que possa coordenar, e os Estados têm tudo a ganhar se a considerarem como um "actor" a ter em conta.

Essa percepção parece parece ser a francesa. Lendo o trabalho "O modelo desportivo francês: mutação ou crise?"[119], pode ler-se o seguinte:*"Em conclusão, a convicção do grupo de relexão é: se o modelo francês não é questionado por esta crise, ele deve contudo ser ajustado o mais cedo possível para melhor ter em conta o novo contexto que hoje se impõe. Estes ajustamentos não provocam necessariamente uma alteração completa do sistema vigente, mas devem permitir melhorar sensivelmente o funcionamento na base de princípios simples: tomar em consideração as evoluções de fundo do sector, em*

---

[119] Estudo publicado pelo Instituto Montaigne, Edição CDP, Junho de 2004 (versão original publicada em Julho de 2002).

CAPÍTULO III – *O Desporto como Domínio de Acção de Apoio...* 111

particular a chegada de novos actores poderosos, como a União Europeia. (...) A União Europeia é sem dúvida alguma, um dos maiores parcerios destes últimos anos na gestão do desporto: hoje a verdadeira questão é saber se esta é susceptível de se tornar no futuro um agente central do desporto europeu e mundial ou se a sua influência continuará marginal" (sublinhado nosso).

Também intra-muros se começam a defender os ideais europeus em relação à UE. Veja-se, a título de exemplo a posição assumida pela Confederação do Desporto de Portugal[120], em 2001, na análise à actuação do governo português : *«O pecado original encontra-se no início da integração de Portugal na UE quando o Desporto foi propositadamente deixado para trás (...) Esse pouco que se poderia ter feito pelo desporto foi o suficiente para hoje o Desporto ainda não conseguir acompanhar a modernização do país e do Desporto europeu (...) A conclusão final da anáilse das GOP para o desporto é a de que o Governo não possui um objectivo e uma estratégia consubstanciada num programa estruturado pelas regras nacionais e pelos ideiais europeus para o desporto português».*

Por muito do que antecede, o MAC é uma hipótese a ter francamente em conta mas sem olvidar a hipótese de eventuais conflitos ou divergências, certamente supríveis por naturais e expectáveis critérios de razoabilidade.

2.3.3. O Apoio financeiro

Importantíssimos ganhos advenientes da inclusão do desporto no artigo I-17.º prendem-se com o apoio financeiro que pode ser dado ao desporto, atento o facto de finalmente haver uma base jurídica que possibilite a necessária inscrição de uma rubrica no orçamento comunitário a favor do desporto[121].

---

[120] "Modernizar o Desporto: Proposta de melhoria e incremento do investimento público na actividade desportiva- Análise às Grandes Opções do Plano e ao Orçamento de Estado de 2001 para o Desporto", CDP, 2001, pp. 5-6.

[121] Recordemo-nos que em 1988, foram consignados, num leque de 40 projectos, 1,3 milhões de ECU, 100000 de entre eles para 10 projectos relativos ao desporto

O orçamento comunitário para o desporto, em 1997, foi de cerca de 3 milhões de ECU, em créditos e na acção piloto denominada "O desporto na Europa", por via da rubrica B3-305, inserida no capítulo "Informação e comunicação", o que indicia bem o facto de o desporto até à data não ser considerado pela UE fruto dos seus méritos próprios, mas sim, apenas e só, como meio de valorizar outras políticas. A UE financiou igualmente o programa Eurathlon e, com cerca de 1 milhão de ECU, o programa de desenvolvimento do desporto para deficientes, mas com um alcance muito diminuto, se pensarmos na função social, para todos os cidadãos, do desporto.

Sucede que de pouco, a partir decerta altura – 1998 –, o apoio financeiro da UE ao desporto passou a ser nulo, em virtude de um aresto do TJC que veio esclarecer que a execução de despesas comunitárias relativas a qualquer acção comunitária significativa pressupôem a inscrição da dotação correspondente no orçamento da UE, por decorrência, entre outros preceitos, dos então artigos 205.° e 209.° Tratado da CE (que, após modificação, passaram a ser os artigos 274.° e 279.º do Tratado da CE).

Com efeito, a 12 de Maio de 1998[122], o TJC, invocando igualmente a aplicação do n.º 1 do artigo 22.° do Regulamento Financeiro[123], bem como a Declaração Comum do PE, do Conselho e da Comissão datada de 30 de Junho de 1982[124], relembrou a necessidade de as instituições comunitárias disporem de uma base jurídica para poderem efectuar legalmente uma despesa a partir de dotações orça-

---

para deficientes. Em 1991 e em 1996 foram atribuídos, respectivamente, 2,5 milhões de ECU e 3,5 milhões de ECU na dotação destinada à informação. No ano de 1992 foi incluida uma nova rubrica no orçamento comunitário, intitulada "A Europa no desporto", destinada a financiar os programas de intercâmbios para a promoção do desporto amador e à troca de experiências relativas ao impacto social do desporto.

[122] Acordão do TJC, de 12 de Maio de 1998, RU c/ Comissão, C-106/96, CJ (1998), p. I-2729.

[123] Regulamento de 21 de Dezembro de 1977, aplicável ao orçamento geral das Comunidades Europeias, JO L 356, edição especial portuguesa, capítulo 1, Fascículo 2, p. 90, na redacção dada pelo Regulamento (Euratom,CECA,CEE) n. 610/90 do Conselho, de 13 de Março de 1990, JO L 70, p. 1.

[124] Declaração relativa a diversas medidas que visam melhorar o processo orçamental, JO C 194, p. 1.

CAPÍTULO III – *O Desporto como Domínio de Acção de Apoio...* 113

mentais comunitárias, ou seja, a necessidade de dispor de um acto de direito derivado que autonomize tal despesa.

Nessa medida, a Comissão, ainda em 1998, viu-se obrigada a suprir a rubrica de apoio à promoção do desporto – cerca de 2 milhões de Euro –, o que acarretou desde logo penosas consequências, a saber a não recondução quer do Programa Eurathlon quer do programa em favor do desporto para os deficientes.

Temos, pois, que, desde 1998 só indirectamente o desporto tem figurado em programas comunitários. Efectivamente, ainda que não haja programas comunitários específicos para o desporto, este tem vindo a beneficiar indirectamente de programas dirigidos a outras políticas, designadamente a saúde, a juventude, a educação, o ambiente, a política regional, entre outras[125]. Só através de Fundos Estruturais[126] e

---

[125] Incidindo no desporto, podemos referenciar, por exemplo, os seguintes programas financiados pela DG Educação e Cultura da Comissão: LEONARDO DA VINCI (programa de formação profissional), que já co-financiou o "Treinar para a Vida – Treino do Basquetebol"; um projecto de incentivo para jovens portadores de deficiência entrarem no mercado de trabalho dos atletas, assim como o OLYMPIA – Ambiente de e-Learning no Treino Desportivo e O EUROSALA – Prémio para os líderes de actividades europeias de desporto de aventura; SOCRATES (inclui 8 diferentes acções que cobrem diferentes estádios da educação), ao abrigo do qual, por exemplo, um projecto desportivo co-financiado foi o desenvolvimento, pelo ESEP, de um CD-rom com jogos desportivos didácticos visando o ensino do basquetebol e do andebol; JUVENTUDE: Mobilidade/Intercâmbios juvenis no quadro da educação não formal dirigido a jovens atletas com idades compreendidas entre os 15 e os 25 anos: projectos de voluntariado; A Semana Europeia da Juventude, que culminou nos Prémios "Juventude em Acção" teve no "Deuziem Sports Project" (Holandês) um bom exemplo de como o desporto pode conectar e reintegrar jovens em risco.

[126] O FEDER (Fundo Europeu de Desenvolvimento Regional) é um exemplo paradigmático, ao possibilitar intervenções das administrações centrais dos vários países, por via dos respectivos "Quadros Comunitários de Apoio", nos quais por vezes o desporto constitui "Eixo Prioritário de Intervenção", cujos instrumentos prevêm certas medidas e determinados complementos de programação, regionalmente desconcentrados, que possibilitam nomeadamente construir, modernizar, recuperar e adaptar infra-estruturas desportivas (desenvolvimento de redes de equipamentos de base; desenvolvimento de redes de equipamentos especializados; desenvolvimento de redes de equipamentos para alta competição e espectáculos desportivos, entre outros). Assim, uma categoria ampla de beneficiários (municípios e empresas municipais; organismos da administração pública desportiva; clubes, asso-

Iniciativas Comunitárias[127] tem sido possível "chegar" ao desporto, sector uma vez mais, incompreensivelmente sem dignidade para apoios exclusivos e directos...

De qualquer maneira, os eventos desportivos enquanto tal, quais sejam campeonatos, torneios, eventos desportivos internacionais, não podem receber qualquer financiamento.

Face à nova realidade de inclusão do desporto na Constituição, apesar de uma nova rubrica para o desporto poder acarretar um aumento da contribuição de cada Estado-membro, tal permite a alocação de importantes fundos em favor do desenvolvimento das actividades desportivas, cabendo à instituição comunitária responsável a posterior redistribuição pelos organismos nacionais competentes.

Doravante evita-se recorrer a "contorcionismos" como os já verificados, designadamente no âmbito do combate à dopagem, matéria na qual são bem evidentes as dificuldades da UE pelo facto de não dispor de competências no sector desportivo, recorrendo, por exemplo, à saúde pública e à investigação científica como bases jurídicas, quase em fraude à lei, já que se recorre a uma base jurídica instrumental por não haver uma principal.

De qualquer maneira, a dimensão do apoio financeiro que o desporto poderá beneficiar da UE está bastante dependente do quadro financeiro que a UE disporá para o período 2007-2014. O montante que vier a ser alocado para o desporto no orçamento ditará até que ponto, neste capítulo, e no imediato, as vantagens de um artigo para o desporto

---

ciações, federações) pode beneficiar da eligibilidade de várias despesas, executando por conseguinte os projectos aprovados.

[127] A INTERREG (estimula a cooperação transnacional/transfronteiriça) já co-financiou projectos como pistas para bicicletas, Academias Europeias do Desporto; Trajectos para caminhadas, entre outros; a LEADER (promove o desenvolvimento rural) já co-financiou projectos de desporto como a criação de empregos para professores de desporto desempregados e para desportistas, e já apoiou centros equestres, entre outros); a EQUAL (desenvolve a cooperação entre os Estados-membros para combater todas as formas de exclusão, discriminação e desigualdades no mercado de trabalho), já incidiu sobre o desporto; a URBAN (encoraja a recuperação económica e social de cidades, vilas e aldeias em crise) já co-financiou projectos de desporto como a renovação de balneários públicos e de acessibilidades para infra-estruturas desportivas, sobretudo para jovens.

na Constituição Europeia serão verdadeiramente palpáveis. As escolhas da UE não são uma questão exclusivamente nem sequer essencialmente financeira. Têm subjacente muito de estratégico e político... Aguardemos, então, expectantes.

PETER CHAPMANV, articulista do European Voice[128], é eloquente e irónico ao explicitar a importância do orçamento, também para o desporto: *"If and when the constitution is ratified by national parliaments and referenda, sports ministers will have far more thrills and spills in the political arena. But wether or not they have any real power depends on more far mundane issues – such as the EU's budget"*. Aqui reside, de facto, o móbil da questão.

As negociações para as "Perspectivas financeiras 2007-2013" estão em curso, esperando-se a garantia de uma suficiência de recursos ou meios, que possibilite o equilíbrio necessário entre os fins múltiplos e crescentes da acção comunitária – de que o desporto é um exemplo paradigmático – e os recursos próprios limitados da UE.

Parafraseando ANTÓNIO COVAS[129], *"Mais uma vez, a nova economia constitucional da União não resiste à observação: os objectivos e as missões são cada vez em maior número, enquanto os recursos próprios diminuem em valor relativo por comparação com as contribuições nacionais no âmbito do chamado "4.º recurso". Esta dependência não parece compaginar-se adequadamente com a nova ambição inscrita num tratado constitucional"*.

3. O artigo III-282.º da Constituição Europeia: Comentário

3.1. *Um artigo tímido: desporto quase virtual, inodoro e incolor*

Como já referimos, em Junho de 2003 foi bem sucedida uma proposta do Praesidium da Convenção para substituir a redacção inicial

---

[128] Vol. 10, Number 23, 24 June 2004, Special Issue Sport.

[129] Portugal e a Constituição Europeia: A caminho da 4.º República, Edições Colibri, Lisboa, Novembro de 2003, p. 96.

do artigo 149.º relativo a «Educação, Formação Profissional e Juventude», alargando-a ao desporto.

Assim, o desporto veio a figurar inicialmente no artigo III-177.º, tendo culminado como artigo III-282.º. Nestas diferentes etapas, a inserção sistemática do desporto foi sempre a mesma – no mesmo preceito de educação, formação profissional e juventude –, apenas mudando o conteúdo do respectivo articulado.

Trata-se, a nosso ver, de um artigo prudente, tímido, que traduz a dificuldade que houve na sua inserção e redacção, acabando por codificar apenas alguns dos desenvolvimentos mais ou menos formais ocorridos na área do desporto, o que nos permite mesmo considerar que a competência que se quis dar à UE em sede de desporto é quase virtual, redundando num "Euro-desporto inodoro e incolor". Em bom rigor, o artigo III-282.º está mais próximo de definir o *status quo* do que ser a base para o desenvolvimento de um desporto paneuropeu[130]. Vingou assim a tese dos minimalistas... [131].

---

[130] A favor da solução do artigo III-282.º estão Hugo Durão e Rui Pedro Caramês: *"Consideramos esta perspectiva a mais adequada, na medida em que, e como já tivemos portunidade de referir, o desporto molda-se de forma diferente de país para país, sendo que uma actuação discricionária por parte da UE neste domínio, teria consequências gravíssimas para o fenómeno desportivo e consequentemente para a sociedade em geral (...)."*. É frontal a oposição dos autores à intervenção comunitária: *"(...) o facto de as instâncias comunitárias terem adquirido um conjunto de conhecimentos sobre as especificidades do desporto europeu, que lhe permitem perceber o seu carácter nacionalista, isto é, qualquer intervenção cuja origem seja a UE e que não permita a cada Estado-membro adaptá-la às especificidades do seu movimento desportivo está, à partida, condenada ao fracasso"* – A União Europeia e o Desporto: uma abordagem político-social, Trabalho de final de licenciatura em Gestão do Desporto pela FCDEF, 2002, p. 107.

[131] *"The maximalists are the strongest proponents of a fully- fledged common sports policy. They support the adoption of a more holistic definition of sport primarily by merging EU sporting actions into a separate Treaty provision for sport. The moderates do not wish sport to emerge as an EU competence and are particularly concerned about the autonomy of sport. The minimalists seek the strongest possible protection from EU law whilst maintaining the greatest possible distance from the EU. The minimalist actors share the idea that sport is a social activity as well as an economic activity. They support the modest use of sport to implement certain EU policy goals and support attempts to limit the application of EU law to sport.*

Pese embora esta limitação do texto final, há, todavia, várias virtudes no artigo III-282.º que importa reter e analisar, desde logo pelo facto, tantos anos ansiado, de, finalmente se dotar a UE de uma base jurídica específica para a sua acção em matéria desportiva, ou seja de, por fim, se atribuir uma competência *de jure* ao desporto a nível comunitário.

Acresce o facto de o artigo III-282.º ajudar a clarificar o papel do desporto na construção europeia, pondo termo a algumas dúvidas ou controvérsias, definindo, pois, ainda que *"de minimis"*, um conjunto de conteúdos e áreas de intervenção que a UE pode abraçar no que tange ao desporto.

3.2. *A exegese do artigo*

Procedamos, pois, à exegese do artigo III-282.º, no que ao desporto concerne[132].

However, being committed to the principle of subsidiarity, the reluctant actors are generally cautious of extending EU influence in sport further. In particular, they do not favour granting sport a Treaty base", RICHARD PARRISH, Op.cit., p. 250.

[132] A França apresentou as seguintes críticas ao mesmo:

- O texto proposto não contém os elementos da Cimeira de Nice nem o projecto apresentado pela França, conjuntamente com seis outros Estados;
- A expressão "aspectos europeus" (do desporto, entenda-se) não corresponde a uma expressão jurídica, sendo restritiva;
- O advérbio "nomeadamente" reforça esta ideia: ora a intervenção comunitária em matéria de desporto não se deve limitar às suas funções educativas e sociais, sendo mesmo desejável que a acção da UE possa estender-se igualmente a sectores tais como a luta contra a dopagem e também agir em sede de regulação do desporto enquanto actividade económica.

Propôs alterar a alínea g) para quatro distintos travessões:

"– Encorajar e apoiar o desenvolvimento das estruturas desportivas europeias actuais e a sua autonomia;
– Promover os valores sociais, educativos e de solidariedade entre todas as práticas desportivas;
– Favorecer, a todas as escalas, as parcerias entre os poderes públicos e o movimento desportivo;
– Lutar contra a dopagem".

3.2.1. A inserção sistemática

Numa primeira leitura, de índole sistemática, resulta com clareza que ao integrar o desporto no mesmo preceito que educação, formação profissional e juventude, o legislador está a reconhecer expressamente o carácter transversal do desporto. Poder-se-á legitimamente perguntar a razão pela qual a cultura não figura no preceito em apreço, mas sim num artigo autónomo, desde logo pelo facto consensual de que o desporto é uma expressão da cultura.

Para além da cultura, cada vez mais há áreas que interagem bastante com o desporto, nomeadamente o ambiente, o turismo e a saúde pública, mas o legislador quis, manifestamente eleger o que de mais intrínseco tem a prática desportiva, nas suas múltiplas componentes.

Neste contexto, a opção do legislador recaiu na interdisciplinaridade do desporto com os aspectos mais pedagógicos que o mesmo encerra, nomeadamente no seu contributo para a formação integral do indivíduo, nos respectivos valores sociais e educativos que estiveram inclusivamente na génese do Ano Europeu da Educação pelo Desporto 2004[133]. Podemos mesmo concluir pela convicção do legislador de que

Avançou ainda com as seguintes alterações:

- Onde está organismos desportivos passar a estar "organismos encarregues do desporto";
- Inserir a questão da "solidariedade entre todas as formas de prática desportiva", indo ao encontro da Declaração de Nice;
- Na referência à protecção da integridade física e moral dos desportistas, retirar a expressão "nomeadamente jovens desportistas", afastando assim o seu efeito restritivo passando a incidir sobre o conjunto global dos praticantes, sejam profissionais ou amadores, jovens ou adultos.

Para além de sugerir acrescentar no n.º 3 uma referência ao desporto, ausente, contrariamente à educação, a França propôs ainda a inserção de um novo n.º 4., com a seguinte redacção: "*A prossecução dos objectivos previstos no presente artigo no domínio do desporto é tida em conta na definição da execução das outras políticas da UE*", pensando-se desde logo em matérias já objecto de jurisprudência comunitária quais sejam a concorrência, o mercado interno, o audiovisual, a luta contra discriminações, entre outras.

[133] Decisão n.º 291/2003/CE do PE e do Conselho, de 6 de Fevereiro de 2003, que institui o Ano Europeu da Educação pelo Desporto 2004.

CAPÍTULO III – *O Desporto como Domínio de Acção de Apoio...* 119

desporto, educação e formação profissional[134] são tão indispensáveis quanto indissociáveis para a personalidade e para o crescimento físico de um jovem[135], não devendo, nessa medida, viver em compartimentos estanques, antes num contexto sinérgico[136].

Parece-nos que houve uma preocupação do legislador em ser coerente com a abordagem que gradualmente veio a adoptar ao fazer interagir sobretudo o desporto com a educação e com a juventude.

---

[134] Atentemos nas sinergias que alguns deputados ao PE encontram facilmente entre desporto e formação profissional, em opiniões veiculadas na obra de PIETRO MENNEA, "L'Europa (...): Segundo VINCENZO LAVARRA: *"È importante che la Commissione dell'Unione europea inserisca nei programmi Socrates e Leonardo, sia il lavoro già svolto dalla rete europea degli istituti sportivi, quanto i temi della formazione e delle qualifiche professionali degli sportivi, senza dimenticare il reinserimento degli stessi nel mercato del lavoro al concludersi dell'attività agonistica attiva. Tali programmi devono prendere nella giusta considerazione le pratiche che promuovono lo sviluppo dello sport a livello di base e che assicurano pari opportunità tra i sessi, contribuendo così a uno sviluppo sano e diversificato dello sport europeo"*, p. 117; na óptica de GIUSEPPE NISTICÓ: *"(...) invitano gli Stati membri a potenziare le scuole di specializzazione in Medicina dello sport e istituire corsi di formazione professionale per tecnici nei vari settori della medicina dello sport."*, p. 132; para GUIDO VICEDONTE: *"(...) migliorare, atraverso i programmi comunitari, il ruolo dello sport e dell'educazione fisica nelle scuole, favorire la riconversione nel mondo del lavoro degli sportivi, favorire il riavvicinamnto dei sistemi di formazione dei dirigenti sportivi negli Stati membri, p. 151"*.

[135] Existem já algumas iniciativas a nível comunitário que interligam desporto e juventude. Para além do Programa Juventude, que também abarca o desporto, citem-se, a título de exemplo, quer o Anúncio de convocatória de manifestação de interesse n.º DG EAC/21/2000 relativa a prestações de serviços no âmbito da educação, formação profissional, cultura, política audiovisual, desporto, cidadania e juventude, quer a Declaração do Conselho da UE e dos Representantes dos Governos dos Estados-membros reunidos no Conselho, de 5 de Maio de 2003: "O valor social do desporto para a juventude" (2003/C 134/03), aprovada no Conselho de 7 de Maio de 2003, JOCE C 134, p. 5.

[136] Em recente artigo de opinião, também o Presidente da República de Portugal, JORGE SAMPAIO[133], gizou uma análise sinérgica, am abono da solução vertida na Constituição Europeia: *"Pela minha parte, creio que o triângulo virtuoso, de que o desporto, a cultura e a educação constituem os vértices, é parte essencial da civilização europeia, nascida há tantos séculos no mundo grego e que hoje ainda sustenta o projecto político de integração europeia"*.

O Desporto na Constituição Europeia

Sustentamos esta afirmação desde logo na iniciativa que constituiu o Ano Europeu da Educação pelo Desporto 2004, na convicção não só de que o exercício regular melhora a saúde física e psíquica e pode contribuir positivamente para o processo de aprendizagem como o desporto oferecer muitas possibilidades em matéria de mobilidade transnacional e de intercâmbios culturais.

Os objectivos desta iniciativa[137] são um *road map* para iniciativas futuras e justificação bastante para a opção sinérgica do legislador:

a) *Sensibilizar as instituições educativas e as organizações desportivas para a necessidade de cooperação, com o objectivo de desenvolver a educação pelo desporto e a sua dimensão europeia, tendo em conta o grande interesse que os jovens dedicam a todos os tipos de desporto;*

b) *Tirar partido dos valores veiculados pelo desporto para o desenvolvimento do conhecimento e das competências, permitindo aos jovens principalmente desenvolver capacidades físicas e disposição para o esforço pessoal, bem como aptidões sociais como o trabalho em equipa, a solidariedade, a tolerância e o fair-play num quadro multicultural;*

c) *Promover a sensibilização para a contribuição positiva das actividades de voluntariado para a educação, numa perspectiva não formal, especialmente dos jovens;*

d) *Promover o valor educativo da mobilidade e dos intercâmbios entre alunos nomeadamente num meio multicultural, através da organização dos encontros desportivos e culturais no âmbito das actividades escolares;*

e) *Incentivar o intercâmbio de boas práticas sobre o papel que o desporto pode desempenhar nos sistemas de educação a fim de promover a inclusão social dos grupos menos favorecidos;*

f) *Criar um melhor equilíbrio entre as actividades intelectual e física na vida escolar, através do encorajamento do desporto nas actividades escolares;*

---

[137] Artigo 2.º da Decisão n.º 291/2003/CE do PE e do Conselho, de 6 de Fevereiro de 2003, que institui o Ano Europeu da Educação pelo Desporto.

g) Considerar os problemas ligados à educação dos jovens e das jovens que participem em desportos de competição.

Também na juventude o legislador comunitário havia demonstrado a forte interelação com o sector desportivo.

Num primeiro momento, através da "Resolução do Conselho de Ministros da Juventude, reunidos no seio do Conselho, de 17 de Dezembro de 1999[138], sobre a dimensão da educação informal no contexto das actividades desportivas dos programas comunitários para a juventude", o legislador considerou que as actividades desportivas podem ter um valor pedagógico, contribuindo assim para o reforço da sociedade civil.

Mais recentemente, o Conselho e os Representantes dos Governos dos Estados-membros, reunidos no Conselho, na "Declaração sobre o valor social do desporto para a juventude"[139], sublinharam, de entre outras questões, algumas vantagens da prática desportiva dos jovens, designadamente:

- O facto de a prática desportiva ajudar os jovens a descobrir as suas capacidades e limitações e a ultrapassar as dificuldades com que se confrontam no dia-a-dia e, por conseguinte, a realizar os seus objectivos, a adquirir autonomia, e a socializarem-se, ou seja, a participarem na vida pública;
- A circunstância de o desporto promover os valores democráticos e a cidadania, incutindo nos jovens as virtudes da autodisciplina, da auto-estima, da solidariedade, do respeito pelo próximo, da participação e do fair play;
- A vantagem de se utilizar o desporto enquanto instrumento educativo para incrementar a participação dos jovens tanto na educação formal como na aprendizagem não formal;
- A função que o desporto pode desempenhar para a coesão social, especialmente entre os jovens desfavorecidos, assim como para a promoção da tolerância, aceitação e respeito pela

---

[138] JO C 008, 12 de Janeiro de 2000.
[139] JO C 134, de 7 de Junho de 2003.

diversidade entre outros jovens, combatendo o racismo, a xenofobia e a discriminação entre sexos, para além de outras formas de discriminação;

- A importância do desporto para ajudar os jovens com deficiência a vencerem os preconceitos sociais, e a tornarem-se independentes, eliminando barreiras que impedem o acesso dos jovens com deficiências às actividades desportivas;
- O papel das associações e organizações de desporto voluntário dedicadas à juventude no capítulo da promoção e incentivo das actividades de voluntariado no domínio do desporto.

Assim, na *ratio* do legislador parece estar uma visão estratégica transversal, que possibilite transformar alguns silos nacionais numa rede. No texto deste parágrafo há como que um incentivo a que se aproveite a interoperabilidade da UE, isto é, a sua capacidade para ligar coisas diferentes, para interligar e coordenar recursos, envolvendo vários *guetos* num conjunto integrado e agregado, numa cultura de colaboração e de aprendizagem[140].

Vejamos agora em pormenor o n.º 1, começando por relembrar o seu texto:

---

[140] A leitura da seguinte passagem doutrinária leva-nos a perceber ainda melhor a opção do legislador. Onde se lê "educação" e /ou "formação profissional" poderia, perfeitamente, a nosso ver, ler-se "desporto": *"(...) a educação e a formação profissional constituem também aspecto primordial na construção europeia, havendo todavia que precisar que se trata de uma área onde os incentivos comunitários e a cooperação entre os Estados-membros assumem uma enorme importância. Estamos perante uma matéria extremamente sensível, onde os esforços a fazer, por mais importantes que sejam e maior o volume de recursos que exijam, têm sempre de ser realizados no quadro de um respeito total pela identidade dos Estados-membros. (...) Uma vez mais também, é patente aqui a preocupação de dar resposta aos grandes problemas do nosso tempo, ao referir-se que a acção da Comunidade tem por objectivo facilitar a adaptação às mutações profissionais (...) Nesta matéria, o novo artigo 151.º do Tratado de Roma dispõe que a Comunidade contribuirá para o desenvolvimento das culturas (sublinha-se: no plural) dos Estados-membros, respeitando a sua diversidade nacional e regional e pondo simultaneamente em evidência o património cultural comum."*. *(sublinhados nossos):* PEDRO ÁLVARES, *Uma Sebenta Europeia: Roteiro da Europa do Futuro*, Instituto Nacional de Administração, Oeiras, 2004, pp. 246-247.

3.2.2. Os aspectos europeus do desporto, suas especificidades, estruturas e funções

A União contribui para a promoção dos aspectos europeus do desporto, tendo simultaneamente em conta as suas especificidades, as suas estruturas baseadas no voluntariado e a sua função social e educativa.

3.2.2.1 *O voluntariado*

Na versão do artigo 149.º este parágrafo não existia. Por seu turno, o artigo III-177.º não continha o inciso *«tendo simultaneamente em conta as suas especificidades»*.

Uma nota inicial impõe-se em relação à proclamação do artigo relativamente ao voluntariado, matéria que em nosso entender tem uma importância ímpar.

Em primeiro lugar, porque a oferta de trabalho voluntário pela população para a produção das actividades desportivas é ainda insuficiente face às necessidades desportivas dos clubes e do associativismo em geral.

Em segundo lugar porque os valores humanistas ou altruístas do voluntariado podem com grande facilidade ser apreendidos no e através do desporto, sobretudo nas faixas etárias mais jovens, que podem e devem colaborar designadamente na organização e planeamento de eventos desportivos, num espírito de grupo e entreajuda, em prol de um objectivo comum.

Em terceiro lugar, porque num estádio de evolução do fenómeno desportivo no qual o profissionalismo adquire cada vez contornos mais marcados, importa preservar o carácter voluntário dos dirigentes que exercem as suas funções em regime de benevolato, como forma de intervenção cívica paralela à sua actividade profissional, e balizados não no lucro mas sim na generalização da prática desportiva e no progresso da modalidade em causa.

Ora a existência de mais voluntários num determinado sistema desportivo é essencial porquanto permite dispor de mais dirigentes

124   *O Desporto na Constituição Europeia*

voluntários do que um sistema desportivo com uma população menos predisposta a trabalhar voluntariamente. O investimento na promoção do voluntariado constitui, inequivocamente, um meio eficaz de valorizar o dirigismo associativo desportivo benévolo.

Segundo trabalho elaborado pela Confederação do Desporto de Portugal[141], *"Estudos europeus indicam que o desporto, tal como o conhecemos apenas é possível graças ao trabalho voluntário e à actividade benévola de pessoas e instituições. Esta actividade está presente nas culturas europeias através da atitude benévola que os cidadãos mantêm em diferentes sectores da actividade social como as igrejas, os bombeiros, as associações de cultura e recreio e particularmente no desporto"*.

Pode, por conseguinte, dizer-se que existe uma dimensão europeia do voluntariado, na qual o desporto tem o seu espaço, sendo que,

---

[141] "O Voluntariado no Desporto e a Economia Social, Análises e Propostas", 2001, p. 7. Neste estudo enfatizam-se as valências do voluntariado no desporto, permitindo-nos destacar as seguintes duas passagens: *"O trabalho voluntário no desporto é tão antigo quanto o próprio desporto. É uma realidade que representa um valor social inestimável, já que é a base que propicia a milhares de cidadãos a possibilidade de usufruir dos benefícios da prática do desporto. Mas é uma realidade que significa também para a sociedade um encaixe económico incalculável, traduzido em horas e horas de trabalho não remunerado. (...)"*, p. 3; *"As federações e associações beneficiam de trabalho voluntário em praticamente todas as suas funções como os trabalhos administrativos, de gestão, de participação em grupos de trabalho, de colecta de fundos, de representação em conferências e reuniões exteriores, de grupos de pressão, de formação, como treinadores, animadores, organizadores de competições. Com uma certa diferenciação o mesmo se passa com os clubes nas tarefas já descritas e nos serviços técnicos e administrativos, responsabilidade por equipas de trabalho, árbitros, juízes, treinadores, monitores, tarefas de intendência e manutenção das instalações desportivas. Num caso e no outro o papel dos voluntários enquanto fornecedores de serviços (no domínio do desporto) alcança a realização de funções nos órgãos de direcção do associativismo. (...) Os voluntários podem receber benefícios imateriais, como a presença em cerimónias e actividades públicas, assistir ao treino das equipas e dos atletas, bilhetes gratuitos para as competições, representação internacional e o contacto com entidades públicas. Para o voluntário as vantagens relacionam-se com os benefícios em espécie que simbolicamente recebam, com ganhos pessoais que melhoram o seu amor-próprio, o prazer, a vida social, o reconhecimento, que dá um outro sentido à vida e aos ganhos profissionais relacionados com o poder; contactos, influência, experiência, etc. (...)"*, pp. 8-9.

conforme bem vinca Zoran Verovnik[142], consoante o diferente grau de intervencionismo público entre o Norte e o Sul da Europa assim se reflecte igualmente a respectiva dimensão do voluntariado: *"Throughout Europe the balance between the voluntary sector and the public sector inputs varies. Broadly, in the north the voluntary input is dominant although with strong public sector support. In central Europe, there is more of a balance between the two inputs. In the south, the public sector input exceeds the voluntary input. Notwithstanding these variations, everywhere there is a decrease in total public expenditure on sport accompanied by government pressure on sports organisation to deliver social returns to the community as part of wider government social agendas. All of this means increasing pressure on volunteers necessitating them to be more professional in their approach"*.

Relativamente à percepção comunitária da importância do voluntariado no desporto, poder-se-á dizer que tem sido gradual.

A Comissão Europeia[143], utilizou inclusivamente o exemplo de Portugal para se pronunciar sobre o tema: *"(...) o voluntariado é especialmente importante e benéfico para o desenvolvimento do desporto europeu. Em Portugal, por exemplo, há cerca de 70 000 treinadores que não são remunerados e 40 000 membros de direcções e comités que exercem as suas funções em regime de voluntariado. Uma das características do desporto europeu a este nível reside no facto de ser praticado por amdores. (...) o desporto amador reflecte o verdadeiro amor ao desporto e a participação desinteressada numa actividade desportiva. Neste domínio, o desporto exerce uma função social importante, contribuindo para aproximar as pessoas. Na Áustria, por exemplo, cerca de 39% da população é sócia de um clube ou de uma federação desportiva"*.

Por seu turno, no quadro da *troika* dos Ministros da Indústria, Emprego e Comunicações, reunida na VII Conferência Europeia sobre a Economia Social, em 2000, sublinhou-se a responsabilidade social

---

[142] "Voluntary (Amateur) and Professional Work in Sport", documento elaborado pelo autor, enquanto Presidente do CDDS do Conselho da Europa.

[143] "O Modelo Europeu do Desporto: Documento de reflexão da DG X", Novembro de 1998.

126   *O Desporto na Constituição Europeia*

assumida pelo associativismo desportivo e a sua dependência face ao empenhamento de um grande número de voluntários.

Já no XI Fórum Europeu do Desporto[144], o Grupo de trabalho sobre o "voluntariado no desporto" havia sublinhado a natureza plural do benevolato no desporto e o facto de o trabalho benévolo ser uma necessidade ao invés de uma obrigação. Foi igualmente frisada a premência de um largo reconhecimento do trabalho voluntário, quer por parte dos poderes públicos quer por parte dos próprios clubes de bairro/locais.

Mas o maior reconhecimento da importância do voluntariado no desporto no contexto da UE, foi dado com a "Declaração de Aarhus sobre Trabalho Voluntário no Desporto", que transcrevemos de seguida, com tradução livre:

1. *Os Ministros responsáveis pelo desporto dos 15 Estados-membros da União Europeia reunidos a 21 e 22 de Novembro de 2003 em Aarhus, a convite de Brian Mikkelsen, Ministro Dinamarquês da Cultura, e na presença de Viviane Reding, membro da Comissão Europeia;*

2. *Acolhendo favoravelmente as iniciativas da Comunidade Juventude para Europa e Ano Europeu de Educação pelo Desporto;*

3. *Convencidos de que os clubes desportivos voluntários e o trabalho voluntário desempenham um papel significativo na vida social e cultural na Europa, sendo por isso importante assegurar que esse papel é mantido;*

4. *Relembrando as conclusões do Conselho Europeu de Nice em Dezembro de 2000 sobre as características específicas do desporto e a sua função social na Europa, os Ministros afirmaram a sua forte crença nos valores fundamentais do desporto voluntário e a sua intenção de proteger e apoiar esses valores;*

5. *Sublinham as características, valores e enquadramento seguintes relativos ao desporto voluntário:*

---

[144] Verona, 21 a 23 de Novembro de 2003.

Os valores do desporto voluntário.

6. *Considera-se trabalho voluntário como actividades voluntárias, que não têm como fim ganho material prosseguidas para pessoas que não façam parte da família, i.e., para o benefício de outros cidadãos. Os clubes voluntários têm um carácter formal, são democráticos na sua estrutura e baseiam-se em ideais e valores;*

7. *O trabalho voluntário em clubes desportivos é o resultado dos esforços dos próprios cidadãos e pode contribuir para criar um melhor entendimento e respeito pelas outras pessoas através da linguagem universal do desporto. Participar no voluntariado e nos clubes desportivos voluntários contribui para a constituição de um importante elemento que é a formação da identidade do indivíduo e da comunidade à qual o mesmo pertence;*

8. *Comprometimento, responsabilidade e participação activa dos membros é a essência dos clubes desportivos voluntários. Fazer parte dos clubes desportivos voluntários é consequentemente uma importante ferramenta de integração e compreensão entre cidadãos com diferentes proveniências.*

9. *Desporto voluntário pode ajudar a desenvolver competências importantes para o entendimento democrático, a cooperação, a igualdade entre géneros, a liderança e a organização;*

10. *Por conseguinte, é da maior importância proteger e reforçar a diversidade do desporto na Europa, que é baseado em valores éticos, perspectivas culturais e sociais e estruturas democráticas. Acresce que o valor económico do trabalho voluntário no desporto é muito significativo.*

O enquadramento do desporto voluntário

11. *O princípio da autonomia das organizações desportivas é uma condição fundamental para o desporto voluntário. São os membros e participantes quem, por via do exercício dos seus direitos democráticos, tomam decisões que afectam as operações dos seus clubes e associações;*

128   *O Desporto na Constituição Europeia*

12. *Então a liberdade de formar associações pode ser olhada como um dos importantes prerequisitos para as organizações desportivas na Europa;*

13. *O direito das organizações desportivas para conceber e dar prioridade às suas próprias missões e regras desportivas no quadro do direito público deve consequentemente ser respeitado, e o sector público deve procurar facilitar o trabalho voluntário através da limitação, quando apropriado, de procedimentos administrativos.*

14. *Como princípio básico, o apoio público geral não deve pôr em causa o princípio da autonomia do desporto voluntário. Contudo, os governos devem ser encorajados a continuar a apoiar e a implementar iniciativas conjuntas entre o sector público e os clubes desportivos voluntários, assim como devem, quando apropriado, prever recursos para ajudar os clubes desportivos voluntários a desenvolver actividades específicas;*

15. *Os governos devem encorajar as diferentes organizações voluntárias a desenvolver redes para resolver problemas comuns e reforçar a sua voz na sociedade.*

16. *Deve-se gerar e tornar acessível a investigação sobre conhecimento e experiência no desporto voluntário.*

17. *Os Ministros, relembrando os valores do desporto voluntário e reafirmando os princípios da autonomia das organizações desportivas voluntárias, encorajam todas as partes envolvidas a respeitar estes princípios e a reforçar a relação entre os governos e todos os níveis de organizações desportivas voluntárias, com vista a salvaguardar as características específicas do desporto, em conformidade com a Declaração de Nice.*

3.2.2.2 As "especificidades" do desporto

No que concerne à expressão "especificidades", estamos em presença do fim de uma longa querela doutrinária em torno de uma diversidade pletórica de designações face à opção a tomar na abordagem do

CAPÍTULO III – *O Desporto como Domínio de Acção de Apoio...*   129

desporto pelo Direito Comunitário, nomeadamente entre os defensores de uma "excepção desportiva" e aqueles que sempre pugnaram por uma "especificidade desportiva". Querela esta que está longe de redundar em meras flutuações semânticas, antes balizando regimes e concepções totalmente distintos.

Não é, efectivamente, idêntico defender-se uma "excepção desportiva", ou uma "especificidade desportiva", tanto assim que a ex-ministra francesa MARIE GEORGES BUFFET preferiu mesmo a expressão "singularidade do desporto[145]", invocando que o movimento desportivo, nas suas actividades económicas e comerciais não se deve excepcionar ao direito comum, afastando, pois, liminarmente a primeira expressão e também, de alguma forma, evitando o carácter muito vago da segunda.

A convergência terminológica parece, no entanto, difícil, ressaltando a ideia de que, por vezes, se abordam conceitos e soluções bem diferentes na errada convicção da sua natureza una. Vejamos alguns exemplos.

Por seu turno, o Conselho Europeu de Santa Maria da Feira, na conclusão nº 50, solicitou "*à Comissão e ao Conselho que tivessem em consideração, na gestão das políticas comuns, as características específicas do desporto na Europa, assim como a sua função social*". (sublinhado nosso)

HENRI SERANDON[146] coloca o problema nos seguintes termos: "*Une spécificité européenne globale, en effet, ne nous satisferait pas: quelle spécificité choisirait-on? Toute choix arbitraire se ferait au détriment de la culture sportive de nos différents pays*". Já BERNARD GENESTE[147], com base na relação das federações desportivas com as normas comunitárias da concorrência, e para concluir que, *a priori*, há

---

[145] www.europa.eu.int/comm/sport/action_sports/historique/doc_evol_en.pdf

[146] "*Une spécificité européenne globale, en effet, ne nous satisferait pas: quelle spécificité choisirait-on? Toute choix arbitraire se ferait au détriment de la culture sportive de nos différents pays*", Forum L'Union européenne et le sport, 7 Juin 2000-Paris, Assembée Nationale, Paris, 2000, p. 20.

[147] "Les federations sportives face au droit de la concurrence", em *Revue des Affaires Européennes*, n.2, 9ème année, Paria, Octobre 1999, p. 148.

lugar à derrogação das mesmas, invoca uma dupla especificidade: *"(...) spécificité de l' activité sportive, d'une part, et spécificité des fédérations sportives, d'autre part"*.

Entretanto, DENIS MUSSO[148], aborda e excepção desportiva, e embora não delimitando positivamente o conceito, fá-lo negativamente: *"exception sportive: cette notion ne peut s'interpreter comme une simple derogation à l'application des règles communautaires pour le sport, mais plutôt comme une recherche d'adaptation"*.

A opção do legislador recaiu no afastamento da "excepção desportiva", por, naturalmente, se entender que o desporto deve obedecer, sem privilégios, aos ditames da legislação comunitária, como qualquer outro sector da sociedade. Uma excepção desportiva teria inevitavelmente efeitos no processo global de integração europeia, abrindo precedentes e assim encorajando casos similares e enfraquecendo a construção do mercado comum; seria uma espécie de "opting out"do desporto em relação ao Direito Comunitário.

Ao fazer referência às "especificidades" do desporto, aquilo que o legislador faz não é mais do que legitimar *a posteriori* todo um caminho que Comissão e TJC foram construindo[149], para além de antecipar novos desenvolvimentos, abrindo espaço para a consagração e respeito das especificidades em diferentes domínios[150].

---

[148] No prefácio à obra de COLIN MIÉGE, *Op. cit*, p. 17.

[149] *Eis alguns exemplos de casos ou situações que foram objecto, por ambas as instituições comunitárias, de reconhecimento da especificidade desportiva: as "regras do jogo"; as cláusulas de nacionalidade referentes a encontros entre selecções nacionais; as "quotas nacionais" relativas ao número de clubes e/ou atletas por país nas competições internacionais; as regras de selecção dos atletas elaboradas com base em critérios objectivos e não discriminatórios; as regras que prevêem períodos de transferência, desde que proporcionais ao fim prosseguido; as regras de organização do desporto numa base territorial (desde o nível local ao nacional); as regras que visam a manutenção da incerteza do resultado; os direitos de exclusividade para uma única competição/época; de curta duração; de duração necessária à implementação no mercado de um novo produto/serviço; as regras que têm como fim último a solidariedade entre clubes pequenos e clubes grandes; entre desporto profissional e desporto amador.*

[150] Um exemplo paradigmático desta lógica encontra-se no Regulamento sobre o Estatuto e Transferência de Jogadores da FIFA, concretamente no artigo 43.º

CAPÍTULO III – *O Desporto como Domínio de Acção de Apoio...* 131

As "especificidades do desporto" permitem assim que o Direito Comunitário não incida quando estiverem em causa regras cuja natureza é puramente desportiva, isto é, de conteúdo que interessa unicamente ao desporto, sem relevância económica. Consequentemente, e nessa medida, não há lugar à aplicação do Direito Comunitário ao desporto, pelo que será errado dizer que há lugar a uma excepção[149]. De facto, e como é óbvio, não se pode derrogar aquilo que nem sequer é passível de aplicação.

Não temos dúvidas em afirmar que a consagração das "especificidades do desporto", servirá para gradualmente o desporto ser, não mais intuitivamente, mas sim já com uma base jurídica que garante segurança e certezas jurídicas, ser objecto de tratamento específico. Sem derrogações, nunca ao arrepio do acervo comunitário, mas garantindo que a aplicação deste não pode nem deve ser automática no âmbito do desporto, sob pena de absoluta e nefastamente o descaracterizar.

Por fim, uma nota que se impõe ainda tendo em atenção a opção do legislador em enfatizar as funções social e educativa do desporto na justificação da existência de "especificidades desportivas". Esta opção tem como consequência negativa uma listagem incompleta das funções que o desporto encerra para além da social e educativa.

(Capítulo XIV – Sistema Arbitral, Disciplinar e de resolução de Litígios): "*O Sistema de Resolução de Litígios e o Sistema de Arbitragem tomarão em consideração todas as disposições, leis e/ou contratos colectivos de trabalho, que existam a nível excepcional relacionados com a matéria, bem como a especificidade do desporto.*" (Sublinhado nosso).

[151] Autores há, com os quais não podemos concordar, que entendem nem sequer haver lugar a esta especificidade, discordando mesmo da orientação que o TJC tem vindo a tomar.. De entre eles emerge DAVID GRIFFITH-JONES, que se baseia no seguinte: "*It may be more likely that the European Court would consider the lawfulness of such rules by reference to the established criteria of public interest and proportionality rather than to a blanket exemption from the application of Community law under such "sporting interest only" exception.*", em *Law and business of Sport*, London, Butterworths, 1997, p. 135.

Relembre-se, a este efeito, um documento emanado pela Comissão[152], o qual elencou cinco tipos de funções distintas do desporto:

- *Uma função educativa: a actividade desportiva constitui um excelente instrumento para equilibrar a formação e o desenvolvimento humano do indivíduoem qualquer idade;*
- *Uma função de saúde pública: a actividade física oferece a possibilidade de melhorar a saúde dos cidadãos e de lutar eficazmente contracertas doenças, tais como as afecções cardíacas ou o cancro;*
- *Uma função social: o desporto representa um instrumento adequado para promover uma sociedade mais inclusiva, para lutar contra a intolerância e o racismo, a violência, o abuso do álcool ou o consumo de estupefacientes; o desporto pode contribuir para a integração das pessoas excluídas do mercado de trabalho;*
- *Uma função cultural: a prática desportiva permite ao cidadão criar laços mais profundos com um território, conhecê-lo melhor, integrar-se melhor e estar mais empenhado na protecção do seu ambiente;*
- *Uma função lúdica: a prática desportiva representa uma componente importante dos tempos livres e do lazer individual e colectivo.*

---

[152] Documento de trabalho dos serviços da Comissão (DG X): "Evolução e perspectivas da acção comunitária no domínio do desporto", Bruxelas, 29 de Setembro de 1998 – Final; Ponto 3 (o papel do desporto.

3.2.3. A"dimensão europeia do desporto" e a defesa do "modelo europeu do desporto"

Cite-se o número 2 do artigo III-282.º:

**2. *A acção da União tem por objectivos*
(...)**

> *g)* ***Desenvolver a dimensão europeia do desporto, promo-
> vendo a equidade e a abertura das competições despor-
> tivas e a cooperação entre os organismos responsáveis
> pelo desporto e protegendo a integridade física e moral
> dos desportistas, nomeadamente dos jovens***[153].

Na norma *sub especie*, a referência à promoção da abertura das competições desportivas só surgiu com a Proposta da Presdência, no contexto da CIG, já em Novembro de 2003[154].

---

[153] Na já referida carta que, a 4 de Agosto de 2003, JACQUES ROGGE, presidente do CIO, remeteu a todos os Ministros do Desporto da UE, foi sugerido que no segundo parágrafo do n.º 2, do artigo 181.º se inserisse da seguinte frase: *"A União deve respeitar inteiramente a competência e a autonomia das federações interna-cionais, reconhecendo que estas devem, de acordo com o Direito Comunitário, adoptar medidas apropriadas para proteger o carácter específico e a estrutura do desporto"*. Para as alíneas g) e i) foram propostas adendas: na alínea g) : *Desenvolver a dimensão europeia do desporto, respeitando as diversidades nacionais e as estruturas tradicionais existentes neste domínio*; na alínea i): *Promover a equidade, a integridade e a abertura das competições desportivas, tal como a integridade física e moral dos atletas, nomeadamente dos jovens atletas*; Por fim, foi proposta uma nova alínea h): *Encorajar o investimento no desporto, através do apoio de medidas desenhadas para promover a solidariedade económica e a favorecer a formação de jovens atletas*.

[154] CIG 52/03, ADD 1, PRESID 10, Brussels, 25 November 2003; IGC 2003; Naples Ministerial Conclave: Presidency proposal ; ANNEXE 28 (Sport) ; Assim se manteve o texto na Adenda que se seguiu, mais precisamente no documento ADD 1; PRESID 14; Brussels, 9 December 2003; IGC 2003; InterGovernmental Conference (12-13 December 2003): ADDENDUM 1 to the Presidency proposal; ANNEXE 33 (Sport).

Outras diferenças em relação ao texto precedente são o aditamento da palavra "desportivas" após "competição" e a mudança da expressão "organismos desportivos" por "organismos responsáveis pelo desporto".

Colocada esta inicial advertência, volva-se a atenção, em primeiro lugar e especificamente para a assumpção expressa do legislador de que existe uma "dimensão europeia do desporto", abrindo caminho ao "processo viral" da intervenção comunitária, que é compatível com a diversidade desportiva latente nos vários Estados-membros, até porque a diversidade é um tesouro, e qualquer tesouro deve ser bem conservado...

3.2.3.1 A *"dimensão europeia do desporto"*

Ajuda-nos nesta tarefa o já referido Parecer do Comité Económico Social sobre a "Proposta de Decisão do PE e do Conselho que institui o Ano Europeu da Educação pelo Desporto 2004". No seu ponto 4.1.4. faz-se referência à "dimensão europeia da educação pelo desporto", considerano-se o desporto como *"(…) um domínio privilegiado para estabelecer relações interestatais, internacionais e interregionais com vista a elaborar planos de acção comuns em matéria de educação e de cultura. O Ano Europeu da Educação pelo Desporto oferece uma ocasião de examinar o problema mais geral da criação de um espaço europeu da aprendizagem e da cultura. Trata-se de um problema que continua por resolver, apesar do seu impacte cada vez maior, nomeadamente na competitividade da economia europeia.".*

Mas fundamentalmente, o que importa enaltecer e regozijar é o entendimento do legislador de que o desporto deve funcionar como um *goal* da política da UE, mais do que como um instrumento. O que está em causa não é, pura e simplesmente, sem motivo válido, pretender-se transformar sem mais uma questão nacional numa questão europeia. É tão só reconhecer que, cada qual com a sua dimensão, só faz sentido que as realidades desportivas nacional e europeia coexistam.

Com efeito, muito embora o desporto seja uma matéria local ou nacional, deve-se ter em mente que desde os primórdios tem havido

CAPÍTULO III – *O Desporto como Domínio de Acção de Apoio...*	135

uma interacção tradicional entre os diversos países, diáspora essa que adquiriu mesmo um carácter europeu. Com o avançar dos tempos, preservando e promovendo uma diversidade desportiva europeia e simultaneamente a identidade nacional, foi-se fortalecendo a base para uma identidade desportiva comum e para uma crescente união entre povos da Europa, com todos os desafios que isso acarretou. Gradualmente foi-se atingindo uma certa homogeneização, em nada comparável contudo com uma eliminação ou dissolução das características desportivas típicas de cada Estado-membro.

A ideia de consagrar esta realidade em direito primário da UE é, não só uma função lógica do Direito, como uma forma de proteger o pluralismo desportivo contra ameaças exteriores perante as quais os pequenos Estados não consigam reagir.

3.2.3.2 A *"abertura" e a "equidade" das competições desportivas*

Quanto à referência à "abertura" e à "equidade" das competições desportivas, ainda que tenha surgido tardiamente, trata-se de uma referência absolutamente decisiva para os defensores do denominado "modelo europeu do desporto".

Em primeiro lugar cumpre frisar que se trata de uma referência que responde a uma preocupação de alguns anos.

Relembre-se, a este propósito, que em Dezembro de 1998 o Conselho Europeu de Viena convidou a Comissão a submeter-lhe um relatório para a reunião de Helsínquia, cuja questão colocada foi precisamente a seguinte: *"Como pode a Comissão assegurar a salvaguarda das estruturas desportivas actuais e manter a função social do desporto no quadro comunitário?"*.

O já referido "Relatório de Helsínquia sobre o Desporto"[155] que veio a ser aprovado formalmente no Conselho Europeu da

---

[155] "Para RICHARD PARRISH, *"The Helsinki Report therefore represents the EU's first attempt to co-ordinate the Single Market and socio-cultural policy strands of its involvement in sport. In essence, the report establishes an embryonic EU sports policy"*, "Op. cit., p. 254.

Feira, identificou como traços do "modelo europeu do desporto" os seguintes:

- Organização piramidal e hierárquica das federações desportivas;
- Estruturação do movimento desportivo sob a forma associativa;
- Sistema de promoção-relegação como critério competitivo, em virtude de proporcionar mais oportunidades aos clubes pequenos ou médios e valorizar o mérito desportivo.

Temos, pois, como incontroverso que as federações desportivas são identificadas como as *"estruturas desportivas actuais"* da UE, que cumpre salvaguardar. O sistema aberto de promoção-relegação (critérios puramente desportivos de ascensão e descida nas competições) é identificado como o ideal. A solidariedade entre grandes e pequenos clubes é valorizada, até como sinónimo da função social do desporto.

Posteriormente, a Declaração de Nice foi mais um passo na defesa expressa (ainda que fora do direito primário da UE) de um "modelo europeu do desporto":

> *"7. O Conselho Europeu salienta a importância que atribui à autonomia das organizações desportivas e ao seu direito à auto-organização através das estruturas associativas adequadas. Reconhece que as organizações desportivas possuem, no respeito das legislações nacionais e comunitárias, e com base no funcionamento democrático e transparente, a missão de organizar e de promover a sua modalidade, nomeadamente em relação às regras especificamente desportivas, e a constituição das equipas nacionais, da forma que considerarem mais adequada aos seus objectivos.*
>
> *8. O Conselho Europeu verifica que, por nelas coexistirem diversos níveis de prática desportiva, do desporto de lazer ao desporto de alto nível, as federações desportivas desempenham um papel central na necessária solidariedade entre os vários níveis de prática: permitem o acesso de um largo*

público ao espectáculo desportivo, o apoio humano e financeiro às práticas amadoras, a promoção de um acesso igual das mulheres e homens à prática desportiva a todos os níveis, a formação dos jovens, a protecção da saúde dos desportistas, a luta contra o doping, a luta contra a violência e contra as manifestações racistas ou xenófobas.

9. *Essas funções sociais implicam responsabilidades específicas para as federações e nelas assenta o reconhecimento da competência destas últimas na organização das competições.*

10. *Embora se tenha em consideração a evolução do mundo desportivo, as federações devem continuar a ser o elemento-chave de uma forma organizativa que garanta a coesão desportiva e a democracia participativa".*

O "modelo europeu do desporto" é então aquele que assenta em competições nacionais e internacionais; que valoriza a importância sócio-cultural do desporto; que vê na exploração comercial do desporto um veículo de posterior redistribuição da riqueza; que funciona numa pirâmide de ligas abertas com promoção e relegação em função do mérito; que implementa solidariedade vertical; que promove os valores éticos e sociais do desporto.

É um modelo que tem como âncora as federações desportivas, as quais têm uma preocupação social, de redistribuição, de representação de um todo e não de uma parte.

A estrutura em pirâmide implica a interdependência entre os diferentes níveis, não só do ponto de vista da organização, como também do da competição, uma vez que são organizadas competições a todos os níveis. Essa abertura das competições torna os campeonatos mais interessantes, igualitários (igualdade de oportunidades para todos os participantes, que não a representação e defesa de interesses meramente parciais) e solidários (solidariedade horizontal, ou seja um equilíbrio de forças entre os participantes numa mesma competição, e solidariedade vertical, isto é, as receitas das grandes competições são reinvestidas numa verdadeira promoção do desporto, em especial entre os jovens) do que se fossem competições fechadas.

É um modelo que tem como bússula o princípio da unicidade federativa ou da representação unitária: por cada modalidade, e a cada nível geográfico há só uma federação[156], numa estrutura hierárquica uniforme: federação internacional, (con)federação continental e federação nacional, o que garante um controlo uniforme da modalidade num cenário no qual a federação internacional exerce um primado sobre a federação nacional, apesar da diferenciação orgânica existente. A lógica, como bem refere MARIA RAQUEL REI[157], é *"(...) dar eficácia ao poder de cada associação, através da eliminação de concorrentes"*.

Este monopólio conferido às federações conferem-lhe a autoridade necessária e bastante para regular e regulamentar a respectiva modalidade desportiva.

O princípio da unicidade conhece, porém, algumas excepções: o ténis[158], o golfe[159] e o boxe[160] são disso exemplo, desenvolvendo-se à

---

[156] A federação nacional é membro da federação internacional- estas surgiram no final do séc. XIX no fito de universalizar a respectiva modalidade desportiva. Com vista a organizarem as competições internacionais; a adoptarem e procurarem assegurar o cumprimento de uma regulamentação universal e harmonizada; a aumentarem o número de praticantes; a assegurarem a unidade, não somente na organização e no controlo da modalidade como na harmonização de soluções e regras (v.g. relativas a transferências, sanções, calendário competitivo; regras de jogo). Existe um princípio da filiação obrigatória, um monopólio territorial assente na reciprocidade e no reconhecimento: uma federação nacional só reconhece uma federação internacional nesse âmbito e, de forma recíproca, esta só reconhece aquela num determinado Estado (vigora a interdição de jogar com associações não filiadas).

[157] "Contrato de transferência internacional de jogadores profissionais de futebol", em *Estudos de Direito Desportivo*, Coimbra, Almedina, Maio de 2002, p. 44.

[158] O papel da Federação Internacional de Ténis não é tão marginal quanto a sua homónima do golfe: aprova as regras do jogo e organiza algumas competições de relevo como a Taça Davis e a Taça Federação, para além de organizar competições em parceria com o CIO; A sua participação no Comité do Grand Slam permite-lhe participar na organização dos 4 Torneios do Grand Slam (Open da Austrália, Roland Garros, Wimbledon e Open dos EUA). Ainda assim quem manda mesmo é a ATP (Associação dos Tenistas Profissionais), criada em 1972 com o propósito de defender os interesses dos jogadores, a par da WTA (Associação das Tenistas Profissionais).

[159] À escala internacional, o Golfe rege-se pelo "Consórcio PGA", composto pela PGA e pela PGA Tours (Na Europa a PGA Europa e o Tour Europeu da PGA- a PGA agrupa clubes, jogadores e técnicos profissionais que, conjuntamente com os

margem de uma estrutura federativa. Mas não passam disso mesmo: excepções, e sem a filosofia "americana" como prioritária na sua génese.

No fundo, o "modelo europeu do desporto" é aquele que se fixa na "abertura" e na "equidade" das competições desportivas, as expressões que foram vertidas no artigo III-282.º, preceito que tem assim também como escopo blindar uma concepção antagónica do desporto, ou, por outras palavras, evitar que na UE se implemente o "modelo americano do desporto"[161].

De acordo com a Comissão[162], *"O desenvolvimento rápido que o desporto europeu regista indica que este sistema poderá ser objecto de transformações radicais; daí a importância de o desporto europeu proceder a uma reflexão sobre o modelo de organização nos anos vindouros. Sem esta reflexão, o sistema desportivo europeu corre o risco de desaparecer face às pressões de grupos económicos que pretendem inspirar-se nas fórmulas já experimentadas noutras partes do mundo, nomeadamente nos Estados Unidos, com o desporto profissional de alto nível, o que poderá por em perigo as estruturas de base tradicionalmente organizadas de forma diferente na Europa. Por exemplo, o desporto universitário encontra-se muito desenvolvido nos Estados Unidos e desempenha uma função que não tem qualquer equivalente na Europa"*.

---

organizadores, conformam a PGA TOUR, PGA TOUR, Inc, entidade sem fins lucrativos criada em 1968, com sede nos EUA, que, junto com os principais organizadores de torneios de golfe e nível internacional constituiu em 1996 a Federação Internacional da PGA Tours). Coexistem entidades de natureza bem diversa, com os papéis bem delimitados.

[160] Inicialmente a Amateur International Boxing Association era a única entidade a gerir a modalidade a nível mundial. Entretanto juntaram-se-lhe a WBA-AMB (Associação Mundial de Boxe); o CMB-WBC (Conselho Mundial de Boxe),a IBF-FIB (Federação Internacional de Boxe) e a WBO (Organização Mundial de Boxe).

[161] Para uma análise comparativa entre o "Modelo Europeu de Desporto" e o "Modelo Americano do Desporto". Ver LANS HALGREEN "European Sports Law: A Comparative Analysis of the European and American Models of Sport", Forlaget Thomson, Copenhaga, 2004.

[162] Documento de trabalho dos Serviços da Comissão (DG X), "Evolução e perspectivas daacção comunitária no domínio do desporto", Bruxelas, 29 deSetembro de 1998, FINAL.

Perfeitamente inserível nesta lógica, a Comissária VIVIANE REDDING[163] opinou o seguinte: *"Entre un certain modèle su sport "panem et circenses" et celui du sport "de l'égalité des chances" et de la paix que symbolise le satde antiqúe d'Olympie, je n'ai pour ma part aucune hésitation. Il est à cet égard crucial que si, comme nous le souhaitons, les fédérations demeurent un élément clé de l'organisation du sport, elles placent la solidarité, l'éducation et l'intégration sociale tout en haut de leur échelle de valeurs et qu'elles les traduisent dans leus actes."*.

Por seu turno, o fundamento do Comité das Regiões[164] radicou na mesma lógica da Comissão:

— *(...) a gestão do desporto europeu é regida pelo princípio de uma única federação ao nível da União Europeia e de federações nacionais e regionais, de acordo com o quadro jurídico de cada Estado. O Comité das Regiões destaca a importância para o desporto europeu de preservar esta regra através de medidas políticas e administrativas. Esta opção deveria ser secundada pela legislação comercial da UE (ponto 4.1.);*
— *(Sobre as competições fechadas): Na opinião do Comité das Regiões, trata-se aqui essencialmente de uma questão técnica. As decisões necessárias devem ser tomadas pelas federações respectivas, quando se trate de responsabilidades suas. Não seria, portanto, oportuna qualquer intervenção do Estado na matéria. No entanto, se as federações não forem suficientemente fortes para resolver solidariamente essas questões por si só, será então preciso aplicar princípios próprios de uma economia sã (ponto 4.2);*
— *O Comité das Regiões defende, em princípio, o apoio e a manutenção da estrutura do desporto desenvolvida na Europa. Não compete ao governo a tutela das organizações desportivas independentes. No entanto, o Estado deve desempenhar*

---

[163] "Quel avenir pour le modèle sportif européen?", SPEECH/01/616, Fórum des Comités Olympiques européens:culture et sport, Rome, le 5 décembre 2001.

[164] Parecer do Comité das Regiões de 16 deSetembro de 1999 sobre "O modelo europeu do desporto", COM-7/016, Bruxelas, 1 de Outubro de 1999.

um papel regulador, criando um ambiente em que o desporto e as organizações desportivas se possam desenvolver de modo a poderem cumprir as suas missões (ponto 4.5);

– *(…) o processo de "promoção-despromoção" realçado pela Comissão como uma das principais características do modelo europeu, surge como um dos parâmetros importantes. Com efeito, se o processo obedece inteiramente a uma lógica desportiva, njão pode nesse caso continuar a satisfazer o sector profissional, face aos investimentos financeiros necessários ao seu desenvolvimento (ponto 6.);*

Aqui chegados, diremos que as expressões "equidade" e "abertura" visam, de facto, em nosso entender, proporcionar uma base jurídica firme que evite uma eventual "fuga" do desporto – sobretudo o profissional – aos moldes federativos, ou seja, que garanta a salvaguarda das estruturas desportivas actuais que compõem o modelo europeu do desporto. É a defesa de um "modelo exclusivo" em detrimento do "modelo que exclui"...

O "modelo que exclui" é o "modelo americano de desporto", verdadeira antítese de "abertura" e de "equidade".

Ao contrário do "modelo europeu de desporto", o "modelo mericano de desporto" adopta procedimentos como a limitação da massa salarial por equipa (*salary cap*) ou a concessão de prioridade às equipas menos bem classificadas para o recrutamento de jogadores mais cotados (*draft system* ou *Right of first refusal*).

Acresce a permeabilidade deste modelo a influências externas e ao negócio, ao ponto de operadores privados como canais de televisão serem por vezes proprietários de vários clubes e simultaneamente organizarem competições desportivas nas quais esses clubes são participantes simultaneamente, o que é no mínimo susceptível de influenciar os resultados quando tais clubes se "defrontam", ao arrepio dos mais elementares princípios da ética e do espírito desportivos.

O "modelo americano do desporto" é um modelo comercial, com poucas competições internacionais e quase nenhuma relação com as federações internacionais, ou seja, sem ligação com as bases.

É um modelo que assenta em ligas fechadas – também conhecidas por "competições selvagens", para minimizar o risco de perdas financeiras, nas quais apenas participa quem tenha convite ou condições económicas para tal. Uma competição fechada consiste pois num conjunto reduzido de clubes e/ou atletas de elite, que participam por razões comerciais, que não desportivas, sem que os demais tenham acesso a tal competição, ainda que a sua melhor performance desportiva o justificasse. O desígnio-mor é o equilíbrio entre os participantes[165].

Para tal são adoptadas regras que permitem regular o sistema, evitando um domínio excessivo de um clube sobre os outros, preservando-se assim a qualidade e incerteza quanto ao resultado dos espectáculos desportivos.

Existem já vários casos de novos actores que irrompem em projectos de criação de competições paralelas, fora do circuito federativo. Um exemplo de sucesso verifica-se na DEL-DIE 1 Bundesliga, liga profissional alemã de hóquei em campo. Em contraponto, refira-se a improcedência do projecto de Superliga Europeia de Futebol elaborado pela Sociedade *Media Partners*[166], durante o verão de 1998, visando agrupar os 18 clubes europeus mais prestigiados numa competição fechada, no fito de uma maximização dos lucros provenientes dos direitos de transmissão televisiva, assim como se suprimindo o risco de relegação por maus resultados.

Se este último projecto fracassou mesmo antes de se consumar, o mesmo não sucedeu no basquetebol, sob a batuta da *Telefonica*, empresa privada espanhola, que financiou, no início de 2000, a criação da Euroliga, competição fechada que agrupava as melhores equipas europeias de basquetebol, à margem da FIBA (Federação Internacional de Basquetebol), situação que tem sido objecto de avanços e retrocessos sucessivos.

Exemplo curioso a diversos títulos é o já referido Grupo G-14, entidade à qual se atribui também como escopo, ainda que tal não seja

---

[165] Nos Estados Unidos da América, caso de referência, as ligas profissionais organizam campeonatos fechados nos quais participam regularmente as mesmas equipas, que adquirem previamente um "direito de entrada" ou "franchise". O objectivo assumido é o de suprimir o risco de descida e anular ou mitigar as relações dos clubes com as respectivas federações, nacionais e internacionais.

[166] V. JOCE C 70, de 13 de Março de 1999.

CAPÍTULO III – *O Desporto como Domínio de Acção de Apoio...* 143

totalmente explícito, a organização, a breve trecho, de uma liga fechada, à margem do "modelo europeu do desporto". Seria no mínimo insólito que tal acontecesse se tivermos presente que a natureza jurídica do G-14 é a de um Agrupamento Europeu de Interesse Económico, nos termos e para os efeitos de um regulamento comunitário (!): o Regulamento (CEE) n.º 2137/85 do Conselho, de 25 de Julho de 1985[167].

São vários, de facto, os exemplos práticos que nos ajudam a consolidar o fosso entre o "modelo europeu de desporto" e o "modelo americano de desporto". Na doutrina temos também quem nos ajude nessa tarefa, nomeadamente KEN FOSTER[168], que define exemplarmente a verdadeira clivagem entre os dois modelos: *"Ultimately the American sports league is a capitalist venture. If it does not make a profit, it ceases business. The European model is a powerful antidote to the free market model represented by the American model"*.

Nas nossas palavras, uma indagação objectiva dos dois modelos permite-nos dizer que estamos perante duas concepções antagonistas: a do negócio ao serviço do desporto ("desporto à europeia") e a do desporto ao serviço do negócio ("desporto à americana").

Ora com o artigo III-282.º consegue-se uma resistência à chamada *mcdonalização desportiva* – entendida como uma imposição não forçada mas antes gradual do modelo desportivo americano – assim se preservando as raízes históricas da existência de um tronco desportivo comum europeu, que deve ser fomentado e protegido no fito de evitar

---

[167] Este Regulamento destina-se a entidades que visam possibilitar a actividade transfronteiriça de várias entidades com objectivos comuns, funcionando como um instrumento de cooperação interempresarial que permite constituir estruturas de domínio de uma entidade sobre os seus membros. O artigo 26.º exige unanimidade para o ingresso de novos membros, o que evidencia o carácter fechado desta entidade. No G-14 já houve clubes que viram vedado o seu acesso, apesar de reiterados pedidos (Roma, Lazio de Roma, Glasgow Rangers, Celtic Glasgow, Feyenoord, Chelsea, Benfica, Sporting e Hertza de Berlim). Dado que o artigo 4.º do Regulamento exige que os membros estejam constituídos em conformidade com a legislação de um Estado-membro e que tenham a sua sede estatutária ou legal e a sua sede central na UE, parece vedada a possibilidade de ingresso no G-14 de clubes estabelecidos em Estados não-comunitários.

[168] "Can sport be regulated by Europe?: an analysis of alternative models", em Professional Sport in the EU: Regulation and Re-regulation, TMC Asser Press, p. 57.

144   *O Desporto na Constituição Europeia*

a perda inconsciente, mas a passos agigantados, de uma história e legados comuns. Ainda assim mesmo que esta resistência possa não ser suficiente[169], já vale seguramente bastante.

Vale, desde logo, para não mais a Comissão se escudar na ausência de base jurídica para defesa do "modelo europeu do desporto", como o fez o então Chefe da Unidade do Desporto da DG Educação e Cultura da Comissão, JAIME ANDREU[170]: *"il n'y a pas de vision communautaire du sport. La Commission ne considère pas qu'elle a un modèle européen a defender, Pourquoi? En raison de l'absence de référence claire dans le traité, le sport en tant que tel n'était pas considéré comme relevant de la competence communautaire. (...)"*

3.2.4. A cooperação com países terceiros e organizações internacionais; o Conselho da Europa como o parceiro privilegiado da UE no domínio do desporto

Relembre-se o texto do n.º 3:

A União e os Estados-Membros incentivam a cooperação com países terceiros e com as organizações internacionais competentes em matéria de educação e de desporto, especialmente com o Conselho da Europa.

---

[169] Neste sentido, ver JEAN-PHILIPPE DUBEY, p. 15: *"Il ne faut toutefois pas se leurrer: les exemples de la scission des grands clubs de basket-ball européens regroupés au sein de l'Euroleague, ou du project de superligue européenne de football nous rappellent que, malgré les efforts que les fédérations pourraient déployer pour contenir ces mouvements el la sympatie que pourraient leur témoigner les gouvernements nationaux, il parait impossible que l'ordre juridique communautaire puisse garantir à tout jamais le "modèle européen du sport", même au prix d'un article spécifique dans le Traité CE. Quoiqu'il en soit, à ce jour, le concept de "spécificité sportive" nous semble être de nature interpretative et n'a pas de véritable portée normative. En d'autres termes, la question se pose de savoir si, à titre d'exemple, il pourra être légalement ou politiquement exclu que des clubs créent une organisation nouvelle, visant à mettre sur pied un autre modèle de compétition sportive, au besoin dans un scenario de "breakaway league" par rapport au pouvoir sportif établi.",* "Droit européen et sport: Portrait d'une cohabitation", em Journal des tribunaux Droit Européen n.º 85- 10.éme année, Charleroi, 2002, pp. 1-15.

[170] Op.cit, p. 56.

CAPÍTULO III – *O Desporto como Domínio de Acção de Apoio...*   145

Quer no artigo 149.º, quer no artigo III-177.º o número 3. não fazia qualquer referência ao desporto.

Tivesse continuado tal omissão, tal teria sido um desrespeito total do legislador comunitário, numa lógica não tolerável à luz da história.

Efectivamente, a ideia de desporto europeu nasceu no Conselho da Europa, sob a forma de cooperação intergovernamental, com a sua vocação essencialmente incitativa e consultiva. Logo em 1954, antes mesmo da criação da então CEE, a Convenção Cultural Europeia do Conselho da Europa já fornecia o quadro para se agir em matéria de desporto.

Ao Conselho da Europa devemos uma análise do desporto do ponto de vista ético e teleológico, ou seja, enquanto factor de coesão social, de tolerância, de luta contra a discriminação, e de cooperação. O Conselho da Europa sempre se preocupou com diversos destinatários do desporto – jovens; população sénior; desportistas portadores de deficiências; mulheres; i(e)migrantes; grupos especiais desfavorecidos – e cedo impulsionou a transversalidade do fenómeno desportivo – abordando temas como desporto e meio ambiente; medicina desportiva; dopagem; e violência associada ao desporto, entre outras matérias muito ligadas à ética e ao espírito desportivos.

Este impulso deve-se sobretudo à acção do CDDS[171], Comité Director de Desenvolvimento do Desporto, criado em 1977 e que, mandatado ou sob a autoridade do Comité de Ministros, no quadro da Convenção Cultural Europeia, é responsável por levar a cabo actividades desportivas intergovernamentais compreendidas no programa adoptado pelo Comité de Ministros, tendo um papel singular[172] na coordenação das políticas desportivas europeias[173].

---

[171] Sobre o CDDS ver: CDDS (2003) inf 13, Strasbourg, 7 août 2003, CDDS: Mandat spécifique du CDDS adoptés par les Délégués lors de leur 794.e réunion le 30 avril 2002.

[172] *"Le CDDS est la seule instance intergouvernamentale servant de plateforme de coordination des politiques sportives européennes (...) peut jouer un role de pionnier dans le sport européen grâce à l'expertise et aux bonnes pratiques de ses 48 pays membres (...) a la capacité de fédérer les différentes parties de l'Europe.",* CDDS (2003) 49 rév, Strasbourg, le 31 Octobre 2003 – Propositions du Groupe de stratégie sur les priorités et activités futures du CDDS – Annexe 6 (Analyse SWOT).

[173] Quanto à inserção de um artigo sobre o desporto na Constituição, o CDDS manifestou-se "incapaz" para influenciar directamente nesta matéria, ao mesmo

Enquanto a CE/UE pouco poude intervir na transversalidade do desporto – precisamente por ausência de base jurídica – centrando-se então no desporto enquanto actividade económica – o Conselho da Europa foi progressivamente aprofundando uma abordagem humanista do desporto, ainda hoje se centrado no papel deste para a paz e respeito entre os povos[174].

Sendo evidente a complementaridade entre UE e Conselho da Europa, uma omissão do legislador teria sido um autêntico "tiro no pé", desde logo em total incoerência com uma iniciatica legislativa comunitária recente, a já referida Decisão que institui o Ano Europeu da Educação pelo Desporto 2004. No artigo 11.º deste acto, cuja epígrafe é precisamente "Cooperação Internacional", consta o seguinte: *"No âmbito do Ano Europeu da Educação pelo Desporto, a Comissão pode cooperar com o Conselho da Europa e com outras organizações internacionais competentes (…)"*.

Se bem interpretamos esta norma, o legislador denota vontade de complementaridade e não de duplicação[175] entre Conselho da Europa e

---

tempo que reconheceu o impacte que o mesmo pode ter na cooperação europeia no domínio do desporto: CDDS (2003) 49 rév, Strasbourg, le 31 Octobre 2003- Propositions du Groupe de stratégie sur les priorités et activités futures du CDDS – III: le contexte stratégique du CDDS en 2003/2004.

[174] Leia-se o importante documento CDDS (2003) 4, Strasbourg, 22 Janvier 2003 – "Programme pour 2003- Objectif: Promouvoir une identité culturelle européenne, tout en tenant compte de la diversité culturelle de l'Europe et de son patrimoine, en insistant particuliérement sur le role de l'éducation", que a dado passo clarifica as prioridades do Conselho da Europa em matéria de desporto, no caso para o ano de 2003: *Aux défis nouveaux qui attendent l'Europe et un monde plus large qui doivent coexister en paix et vivre en harmonie, le sport a un role bien particulier à jouer, étant donné ses contacts avec une large part de la societé européenne et la manière don't il peut agir en tant que force d'intégration sociale et de comprehension- ouvert à tous, indépendamment e la langue, de la religion, de la culture, de la competence ou de l'âge. Ces considerations dirigent le programme du Service du Sport pour 2003"*.

[175] Contra uma duplicação ou sobreposição de intervenções, leia-se COLIN MIÈGE, *"(...) cooperation supranationale (...) initiée dans le cadre du Conseil de l'Europe, a été relayée récemment par l'Union européenne. Bien que les périmètres ne soient pas comparables- quarente et un pays d'une part, et quinze de l'autre- on*

CAPÍTULO III – *O Desporto como Domínio de Acção de Apoio...* 147

UE, mas sobretudo, e numa matéria que conexiona educação e desporto, parece deixar bem claro que, na perspectiva da UE, o Conselho da Europa não é apenas *um* parceiro privilegiado, mas sim *o* parceiro privilegiado. Como poderia, pois, o "legislador constituinte", sobre a mesma conexão de matérias, esquecer esta relação privilegiada[176]?

Felizmente foi-se a tempo de por cobro ao "esquecimento", assumindo-se, por fim, e muito bem, que a política desportiva da UE não pode ser exclusivamente comunitária.

Com efeito, o campo desportivo coberto pela UE faz parte integrante de um sistema cultural internacional mais vasto. Consequentemente, a política desportiva deve não somente respeitar a pluralidade no interior da UE como também, face ao exterior, deve integrar-se num processo de colaboração com outros países europeus, organizações internacionais e instrumentos do direito internacional que visam o desenvolvimento de uma colaboração internacional no domínio desportivo. Que melhor entidade que o Conselho da Europa para tal integração?.

Sinal imediato das vantagens do texto da Constituição, tendo por base as consequências do alargamento da UE e visando já a cooperação europeia em matéria desporto para o período 2004-2008, os Ministros responsáveis pelo desporto da UE escolheram estas matérias para análise no quadro da 10.ª Conferência de ministros europeus responsáveis pelo desporto, em Budapeste, a realizar nos dias 14 e 15 de Outubro de 2004.

Do documento preparatório[177] ressaltam como principais ideias as seguintes:

- O Conselho da Europa dispõe de 48 membros, logo pode funcionar como *passerelle* com os Estados que não são membros da UE;

---

observe une certaine superposition de l'action de l'Union européenne à celle du Conseil de l'Europe", *Op.cit.*, p. 11.

[176] As relações entre a UE e o Conselho da Europa são já tradicionais e estreitas. A UE participa enquanto observadora em todas as conferências do Conselho da Europa relativas à construção europeia, e também no desporto.

[177] MSL – 10 (2004) 3.

- Entre o Conselho da Europa e a UE não deve haver um "cruzamento de actividades", antes uma complementaridade, pelo que as prioridades políticas, as competências jurídicas e os aspectos financeiros permitem contornar eventuais obstáculos;
- No quadro de uma "nova fórmula de cooperação", devem ser instaurados acordos de parceria entre o Conselho da Europa e a UE, aproveitando o "savoir-faire" e o "valor acrescentado" das redes e experiências de ambas, com vista, designadamente a:

    i) Elaborar um plano de trabalho para os futuros programas no domínio do desporto, com base nas competências e responsabilidades mútuas da UE e do Conselho da Europa;

    ii) Associar a UE aos programas de assistência levados a cabo pelo Conselho da Europa, e continuar a apoiar os países que participam no programa SPRINT do Conselho da Europa;

    iii) Organizar reuniões regulares de coordenação sobre desporto entre a UE e o Conselho da Europa, a todos os níveis apropriados.

Em Anexo ao Documento consta um "Projecto de Resolução III sobre a cooperação europeia no domínio do desporto durante o período 2004-2008", cujas principais passagens se citam de seguida, com tradução livre:

"Os Ministros europeus responsáveis pelo desporto (…):

Felicitam-se pelo recente alargamento da UE e pela adopção da Constituição Europeia e, em particular, o artigo III-282.º que trata da educação, cultura e desporto, que define o quadro para a promoção dos valores desportivos e a função social e educativa do desporto em cooperação com o Conselho da Europa;

Reafirmam neste contexto a importância que revestem laços estreitos entre a UE e o Conselho da Europa para o futuro da cooperação europeia em matéria desporto;

(…)

Felicitam-se da cooperação entre UE e Conselho da Europa no domínio do desporto, e nomeadamente do evento "O Desporto, porta de entrada na democracia[178]*", projecto celebrado no quadro do Ano Europeu da Educação pelo Desporto (AEED 2004);*

Relembram a Declaração final da décima cimeira de chefes de Estado e de Governo do Conselho da Europa (Estrasburgo, 10-11 de Outubro de 1997) que se congratula particularmente com o desenvolvimento da cooperação com outras organizações europeias e nomeadamente a União Europeia;

Sublinham a importância de evitar o cruzamento de actividades entre os programas de trabalho da UE e do Conselho da Europa no domínio do desporto;

Convencidos de que em razão dos recentes desenvolvimentos que ocorreram na Europa, é necessário identificar novas formas possíveis de cooperação entre as duas instituições no domínio do desporto;

Decidem:

Velar pela promoção de programas complementares entre a UE e o Conselho da Europa nos domínios do desporto para todos e da educação pelo desporto;

Considerar que o papel particular do Conselho da Europa em matéria de cooperação europeia no domínio do desporto está ligado aos valores cardinais do Conselho da Europa (direitos do

---

[178] Evento organizado pelo CDDS, pela Câmara Municipal de Estrasburgo e pela ENGSO, que reuniu 135 participantes de 43 países. O projecto teve como objectivo sensibilizar o interesse pelo desporto ao serviço da educação e da cidadania democrática recensear exemplos de boas práticas em toda a Europa e familiarizar o público para com o papel das organizações desportivas e juvenis.

homem, democracia parlamentar e Estado de Direito) e que os futuros trabalhos neste domínio devem valorizar esta questão;

Convidar a UE e o Conselho da Europa a instaurar, quando apropriado, acordos de parceria no domínio do desporto;

Convidar o Comité de Ministros, no quadro da 3.ª Cimeira, e ao abrigo do artigo III-282.º da Constituição Europeia, a proceder de modo a que o Conselho da Europa prossiga os seus trabalhos nas questões relativas ao desporto, no interesse dos europeus e dos governos dos Estados-membros, e no espírito dos valores e missões que são seus.

Mas antes mesmo da referência às "organizações internacionais", e o destaque, de entre elas, ao Conselho da Europa, é feita uma referência aos "países terceiros", matéria que tem igualmente importância, ao abrir, nas negociações com países terceiros, um campo de aplicação – o desporto – que se diferencia das tradicionais realidades económicas e comerciais.

É certo que não se trata de uma base jurídica que permita à UE negociar com Estados terceiros exclusivamente no domínio do desporto, atento o princípio *"in foro interno, in foro externo"*, segundo o qual uma entidade só poder ter competências externas sobre uma dada matéria se já dispuser internamente das mesmas, sendo que, em termos internos, as competências conferidas pelo artigo III-282.º são, como temos vindo a procurar demonstrar, algo reduzidas.

Ainda assim a Comissão poderá lançar acções que permitam a diáspora desportiva europeia, ou seja, que no mundo se difunda uma imagem europeia do desporto e que, reciprocamente, os países terceiros façam chegar os seus modelos à UE.

3.2.5. A ausência de uma "cláusula de integração horizontal"

Para além desta exegese aos diferentes números do artigo III-282.º, urge apontar uma lacuna que entendemos grave, a saber a ausência de um número com uma redacção próxima da seguinte: *"Os objectivos*

CAPÍTULO III – *O Desporto como Domínio de Acção de Apoio...* 151

previstos no presente artigo devem ser tidos em conta na definição e aplicação das outras políticas da União".

Não se diga que tal solução configuraria qualquer novidade em sede de textos comunitários.

No Título XI do TUE – Política social, educação, formação profissional e juventude –, Capítulo 3 "Educação, Formação Profissional e Juventude", temos dois exemplos em que o legislador prescreve cláusulas de integração horizontal:

Artigo 149.º (Educação)

N.º 1: *"A Comunidade contribuirá para o desenvolvimento de uma educação de qualidade, incentivando a cooperação entre Estados-membros e, se necessário, apoiando e completando a sua acção, respeitando integralmente a responsabilidade dos Estados-membros pelo conteúdo de ensino e pela organização do sistema educativo, bem como a sua diversidade cultural e linguística"*. (sublinhado nosso)

Artigo 150.º (Formação Profissional)

N.º 1: *"A Comunidade desenvolve uma política de formação profissional que apoie e complete as acções dos Estados-membros, respeitando plenamente a responsabilidade dos Estados-membros pelo conteúdo e pela organização da formação profissional"* (sublinhado nosso).

Por seu turno, no Título XII – Cultura, consta nova cláusula de integração horizontal:

Artigo 151.º (Cultura)

N.º 1: *"A Comunidade contribuirá para o desenvolvimento das culturas dos Estados-membros, respeitando a sua diversidade nacional e regional, e pondo simultaneamente em evidência o património cultural comum.*

(…)

N.º 4: "*Na sua acção ao abrigo de outras disposições do presente Tratado, a Comunidade terá em conta os aspectos culturais, a fim de, nomeadamente, respeitar e promover a diversidade das suas culturas*" (sublinhado nosso).

Por fim uma referência ao Título XIII – Saúde Pública:

Artigo 152.º (Saúde Pública)

N.º 1: "*Na definição e execução de todas as políticas e acções da Comunidade será assegurado um elevado nível de protecção da saúde. A acção da Comunidade, que será complementar das políticas nacionais, incidirá na melhoria da saúde pública*

N.º 2: "*(…) A acção da Comunidade será complementar da acção empreendida pelos Estados-membros na redução dos efeitos nocivos da droga sobre a saúde (…) os Estados-membros coordenarão entre si, em articulação com a Comissão, as suas políticas e programas nos domínios a que se refere o n.º 1.*

A Comissão, em estreito contacto com os Estados-membros, pode tomar todas as iniciativas adequadas para promover essa coordenação.".

(…)

N.º 5: *A acção da Comunidade no domínio da saúde pública respeitará plenamente as competências dos Estados-membros em matéria de organização e prestação de serviços de saúde e de cuidados médicos. E especial, as medidas a que se refere a alínea a) do n.º 4 em nada afectam as disposições nacionais sobre doação de órgãos e de sangue ou da sua utilização para fins médicos.*" (sublinhado nosso).

Não se compreende, assim, como se lamenta esta lacuna, a qual por várias vezes foi assinalada em sede da Convenção e da CIG. Em prejuízo do desporto não foi dada resposta à ideia consensual de que o desporto é uma área horizontal de intervenção de e em várias políticas comunitárias.

Uma "cláusula de integração horizontal" como esta daria garantias mais satisfatórias contra uma aplicação automática e cega do direito comunitário ao domínio desportivo. Seria bastante útil uma cláusula de integração horizontal como esta para salvaguardar toda a acção levada a cabo pela UE com incidência desportiva, em dois diferentes cenários: ou no caso de uma acção não desportiva mas com consequências incidentais no desporto, ou num caso em que os objectivos para o desporto só podem ser plenamente prosseguidos se em articulação com outros preceitos. Só assim se asseguraria verdadeiramente uma convergência e uma consistência nos objectivos e meios de várias políticas comunitárias, designadamente a saúde pública, o ambiente, a educação, a juventude e a formação profissional, para citarmos precisamente as referidas pela Comissão[179].

Mas podemos avançar outros exemplos: livre circulação de mercadorias; livre prestação de serviços; política da concorrência; ajudas de estado; política regional; política social, que constituem domínios nos quais as especificidades do desporto devem ser consideradas e preservadas, logo que possa ser afectado o desporto ou que este possa ter influência na regulamentação referida àquelas matérias.

Se há normas que claramente se identificam como "puramente desportivas" (designadamente as denominadas "regras do jogo"), outras há, porém, de carácter eminentemente político e económico, a que urge mitigar ou aferir da viabilidade da sua aplicação, quando confrontado com as especificidades do desporto. Tal tarefa fica agora dificultada pela omissão do legislador.

Concomitantemente, a ausência de uma cláusula de integração horizontal certamente diminuirá a exigência de diversas formações do Conselho tratarem de diferentes domínios "do ponto de vista desportivo". Será, por exemplo, mais difícil que o Conselho de Ministros do Desporto "passe a bola" para o ECOFIN (Conselho de Ministros de Economia e Finanças) com vista à análise de matérias atinentes a competições desportivas com requisitos económicos.

---

[179] Documento de trabalho dos services da Comissão "Evolução e perspectivas da acção comunitária no domínio do desporto", Bruxelas, 29 de Setembro de 1998- FINAL, p. 3.

O "ter em conta" das "especificidades" seria mais fácil de invocar com uma "cláusula de integração horizontal" como aquela que sugerimos. Beneficiaria os interessados. Ajudaria os juízes do TJC, ao servir de verdadeira "based guidance", na expressão de ALISTAIR BELL[180], por forma a evitar-se o risco substancial de ter uma concepção jurisprudencial desviada da real natureza do desporto.

Pese embora estas limitações e lacunas do vertente artigo, insistimos na necessidade de aproveitar o que de bom o mesmo proporciona.

---

[180] "Dispatch from Brussels: provision for sport in the Treaty of Rome?", em Sports Law Administration & Practice, London, May/June 1997, Vol. 4, Issue n. 4, p. 4.

CAPÍTULO IV

INICIATIVAS PARA A UE NO DOMÍNIO DO DESPORTO

Doravante, criadas as bases com a Constituição Europeia, impõe-se uma actuação positiva da UE com vista à criação das condições necessárias ao efectivo exercício do direito ao desporto. Há actividades e prestações que doravante podem ser reclamadas à UE, sob pena de omissão.

1. A "Rolling Agenda"

Efectivamente, sob proposta da Comissária VIVIANE REDDING, na reunião da *troika* de Ministros do Desporto e Comissão, que ocorreu em Dublin a 29 de Janeiro de 2004 foi acordado o estabelecimento de uma espécie de calendário temático para as reuniões de Ministros do Desporto, técnica à qual se deu o nome de "Rolling Agenda".

No fundo, a filosofia da "Rolling Agenda", espelhada no sucesso verificado em reuniões similares como os Conselhos "Educação", é permitir uma melhor coordenação entre as presidências e contribuir para uma melhor pré-definição e preparação das diferentes matérias a ser objecto de análise. Por outras palavras um "ongoing process", que preserve a continuidade de uma abordagem política europeia ao desporto, assegure melhor qualidade no debate e permita atingir resultados concretos.

É, em nosso entender, uma filosofia meritória que permite um enquadramento estratégico integrado e continuado da abordagem comunitária ao desporto, avesso ao casuísmo e independente das prioridades e conveniências de cada presidência. Só assim se podem estruturar acções exequíveis e duradouras. É, pois, salutar uma agenda que perpetue, facilitando a cooperação desportiva comunitária, que se quer dinâmica e com um efectivo e eficaz "valor acrescentado".

É certo que o mecanismo das troikas tem permitido no sistema actual uma certa linha de continuidade, mas é inegável certa falta de estruturação. Não fora esta realidade defensável, e não teriam certamente Convenção e CIG centrado muita da sua atenção nalgumas das desvantagens reais das presidências rotativas do Conselho.

Definida a meta de uma "Rolling Agenda", a Comissão prontamente elaborou um documento-quadro que titulou de "Estabelecimento de uma acção da UE no domínio do desporto", que enviou aos diferentes Estados-membros com vista à respectiva análise em sede de reunião de Directores-Gerais do Desporto dos Estados-membros com a Comissão Europeia, nos dias 3 e 4 de Maio de 2004.

Tratou-se de um documento que a Comissão elaborou como ponto de partida para a reflexão sobre as principais linhas para uma nova acção da UE no domínio do desporto, com o único propósito de enquadrar as principais reflexões entre os Estados-membros e a Comissão, e com uma lógica que subscrevemos totalmente: não prevendo a Constituição Europeia as diferentes acções a empreender, cabe pois às instituições da UE definir o quadro, discutindo-o em parceria com os Estados-membros.

Pelas suas natureza e substância, o documento, que se pretendia interno e preparatório a um documento final que exprimisse não apenas a metodologia da Comissão mas também, e sobretudo, uma visão de conjunto, pela sua natureza e substância, rapidamente deixou de ser um "Non Paper" para se tornar público, motivando inclusivamente uma página da Newsletter da UEFA.

Obedecendo à estrutura do documento, destacaremos se seguida os seguintes pontos: Acção da UE no domínio do desporto; Procedimento legislativo; Democracia participativa e Transparência; Métodos de trabalho; Acções operacionais; "Rolling Agenda".

No âmbito da acção da UE no domínio do desporto, ressalta no documento a preocupação, na esteira do texto do artigo III-282.º, de se estreitar a cooperação com os países vizinhos, nomeadamente os países mediterrânicos, os Balcãs e as Repúblicas da ex-URSS, articulando com o Conselho da Europa no respeito pelas respectivas competências. Esta é uma nova lógica – de "neigbourhood policy" – que a UE pretende implementar no seu todo, não podendo nem devendo, naturalmente, o desporto ficar à margem.

No que concerne ao procedimento legislativo, a Comissão traçou um calendário atendo-se no processo de co-decisão.

O início do procedimento dá-se com uma proposta da Comissão ao PE e ao Conselho, no quadro do seu monopólio de direito de iniciativa. Segue-se a primeira leitura do PE, que de pronto comunica ao Conselho.

Se o Conselho aprovar a posição do PE, temos o cenário mais rápido possível de aprovação da proposta, a rondar 6 a 8 meses. As estatísticas demonstram que a maioria das propostas não é adoptada em primeira leitura, visto que em regra o PE introduz emendas, pelo que, num cenário de não adopção do acto em primeira leitura, há lugar a uma segunda leitura pelo Conselho, o que pode implicar mais 6 meses de procedimento, pelo que 15 a 18 meses passa a ser o cenário temporal para a adopção de uma proposta.

Foi, aliás, o que sucedeu com a Decisão que instituiu o Ano Europeu da Educação pelo Desporto 2004.

Caso a proposta passe por um Comité de Conciliação, conclui a Comissão que o tempo total para a adopção do acto pode ultrapassar dois anos a partir do momento da apresentação da proposta pela Comissão.

Assim, o calendário, traçado num cenário considerado optimista, foi o seguinte:

- Adopção da Constituição Europeia: Junho de 2004;
- Início de vigência da Constituição Europeia: segundo semestre de 2006, momento a partir do qual pode ser apresentada uma proposta pela Comissão ao abrigo do artigo III-282.º;
- Adopção das primeiras proposta operacionais (leis e leis-quadro): a partir do início de 2008 ou um pouco mais cedo.

Lembrou ainda a Comissão que os seus serviços necessitam pelo menos de dois anos de trabalhos preparatórios para o estabelecimento de um novo programa, carecendo de uma avaliação *ex ante* obrigatória prévia a qualquer acto que implique uma responsabilização financeira. Faz, de facto, sentido que a Comissão, para a apresentação de uma proposta, proceda à elaboração de um duplo-exercício: colijir toda a informação anteriormente, como forma de provar a eficiência económica e o interesse social do projecto associado à proposta; ter em conta a participação de todos os actores que participam na decisão.

Consta igualmente do documento um ponto consagrado à Democracia Participativa e à Transparência. Isto porque, como assinala a Comissão, é igualmente importante ter presente a Parte I da Constituição Europeia na qual um título específico dedicado à vida democrática da UE é apropriado para o domínio das competências complementares em geral e das questões desportivas em particular, designadamente no que tange à democracia participativa e à transparência de procedimentos.

No fundo, o que a Comissão pretende transmitir é a necessidade de, em prol de uma boa administração, e antes de qualquer tomada de decisão, ser levado a cabo um diálogo que envolva poderes públicos e sociedade civil, nomeadamente em dois níveis: ao nível nacional pelos governos dos Estados-membros, e ao nível europeu por parte da Comissão. No fundo, e na esteira da Declaração anexa ao Tratado de Amesterdão, o que se pede e espera é encetar de um diálogo aberto, transparente e regular com o movimento associativo desportivo, com vista a colher a posição da classe representativa do sector e a assegurar a coerência e a transparência das acções da UE, também no domínio do desporto.

Neste âmbito avançamos com a ideia de que aos Estados-membros, por lhes caber a competência principal, também lhes deve caber a responsabilidade principal de concertar com a "sociedade civil desportiva". E é importante que inculquem que sem um largo consenso não faz sentido emergir uma proposta.

No que tange aos métodos de trabalho, a Comissão assinalou que a adopção da Constituição Europeia acarretará mudanças importantes na metodologia de trabalho, desde logo ao nível da constituição, no

CAPÍTULO IV – *Iniciativas para a UR no Domínio do Desporto* 159

seio do Conselho, de um grupo de desporto, ao qual caberá examinar as propostas da Comissão e preparar os trabalhos do Conselho, com base numa ordem do dia fixada pela presidência em exercício, na qual reside igualmente a opção de colocar ou não na sua agenda política a realização de reuniões ministeriais com carácter formal. O apoio logístico será fornecido pelo Secretário-Geral do Conselho.

Quanto às acções operacionais propriamente ditas, a Comissão entendeu por bem começar desde já a estudar as prioridades, para tal colocando a debate as seguintes matérias:

- A necessidade de o desporto ter a sua própria acção autónoma idêntica às demais políticas da UE, mas em coordenação com outras acções complementares, como forma de evitar o chamado "duplo emprego";
- A concentração da acção da UE na melhoria dos valores positivos do desporto, ou seja educativos e sociais, de luta contra a discriminação e para a promoção e compreensão multicultural; no fundo, o desporto como um factor positivo que permita um estilo de vida activo e uma sociedade de boa saúde;
- A questão dos aspectos negativos do desporto tais como a violência, a dopagem e os abusos sobre os jovens atletas;
- A definição dos instrumentos a utilizar: trocas de boas práticas; política de boa vizinhança; utilização de redes europeias com outros sectores; projectos-piloto; mobilidade; trabalho voluntário adaptado ao desporto; campanhas de informação europeias; estudos; investigação e controlo ao nível europeu dos agentes desportivos.

No fito de encontrar uma espécie de "catálogo de temas" para a "Rolling Agenda", tendo por base as matérias abordadas até à data do documento e as questões colocadas pelos seus diversos Serviços, a Comissão apresentou uma lista inicial de temas à consideração dos Estados-membros:

- A gestão financeira dos clubes profissionais;

- As ajudas públicas/auxílios de Estado ao desporto profissional na UE;
- O apoio aos sistemas de educação nos clubes profissionais;
- A ruptura do fosso entre "grandes" e "pequenos" países;
- Grandes manifestações desportivas: concorrência ou coordenação? Como melhor utilizar as experiências anteriores?;
- A luta contra a dopagem;
- O desporto e os novos media: a necessidade de dispor de um equilíbrio;
- A segurança nas manifestações desportivas importantes;
- A utilização do desporto como instrumento positivo rumo a um estilo de vida activo e de boa saúde;
- Uma melhor cooperação a nível nacional e europeu entre o desporto e outros domínios políticos (saúde, educação, economia e assuntos sociais);
- A protecção de jovens atletas: ensino, saúde e integração no mercado de trabalho;
- A utilização do desporto nas relações externas;
- A definição de um novo conceito de trabalho voluntário.

Na reunição de Directores-Gerais do Desporto na UE, realizada de 22 a 24 de Setembro de 2004, a Comissão subdividiu a "Rolling Agenda" em duas dimensões distintas: a dimensão vertical e a dimensão horizontal. Na primeira incluiu os seguintes temas: reforço da cooperação e promoção de troca de actividades; voluntariado; desporto e integração social; saúde e desporto; antidopagem e funcionamento do mercado interno. Na segunda, a intersecção do desporto com as demais políticas da UE; o desporto e as políticas externas da UE; o incremento da cooperação entre a UE e as organizações internacionais[181].

---

[181] "Informal Working Paper: Establishing a Rolling Agenda on European Sport Policy Issues", European Comission, DG, EAC, Sport Unit.

2. A "bandeira da UE"

Sinónimo ou corolário desta visão – ambiciosa, diríamos- da Comissão, Romano Prodi, enquanto Presidente da Comissão, após o termo dos Jogos Olímpicos Atenas 2004, regozijou-se com as 280 medalhas no total, e 82 de ouro em particular, obtidas por atletas da UE, aproveitando para estabelecer comparações com os Estados Unidos da América, para concluir da supremacia Europeia.

No mesmo momento, augurou ainda melhores resultados no futuro e ainda uma maior unidade para os Jogos Olímpicos de 2008, evento no qual gostaria de ver içada a bandeira da UE a par da bandeira de cada país da UE: *"En 2008, j'espère voir les equipes des États members de l'UE à Beijing arborer le drapeau de l'Union européenne aux côtés de leur drapeau national en symbole de notre unité*[182]*"*.

Sobre a mesma matéria, algo contraditoriamente, Reijo Kempinnen, porta-voz da Comissão referiu o seguinte: *"É um tema sobre o qual a actual Comissão Europeia ainda não teve tempo de falar, nem tão pouco o próprio executivo comunitário*[183]*"*.

Numa reacção a esta sugestão, João Marcelino foi muito pouco receptivo: *"Assim sendo, tem de se esperar pelo dia (absolutamente milagroso e imprevisível a partir da actualidade) em que os europeus aceitam competir sob a mesma bandeira para se poder fazer uma comparação justa, que não seja apenas surpreendente e vazia de sentido, se não mesmo demagógica*[184]*"*,

No entanto, fica em aberto a ideia avançada por Romano Prodi, a qual, não sendo nova, parece, porém, exequível e importante para a difusão e vivência do espírito e da cidadania comunitários.

---

[182] http://europa.eu.int/rapid/pressreleasesAction.do?reference=IP/04/1052 &format=HT...; "UE louva supremacia sobre UE", Público, 31 de Agosto de 2004, p. ?; "UE cantou vitória no jogo das medalhas", Jornal de Notícias, 31 de Agosto de 2004, p. 9.

[183] "União Europeia arrasa Estados Unidos", Diário de Notícias, p. 31.

[184] "As medalhas de Romano Prodi", Revista Sábado, 3 de Setembro de 2004, p. 27.

3. As prioridades da Presidência Irlandesa

Entretanto, a Presidência Holandesa[185], nas Prioridades que elencou para o respectivo semestre traduz já na prática as sinergias que o artigo III-282.º pretende criar, ao interligar desporto, educação e juventude.

Assim, de entre as prioridades para a juventude conta *"Dar uma atenção muito especial ao Ano Europeu da Educação pelo Desporto"*, assim como nas prioridades para o desporto se apela a uma *"ampla atenção ao papel educacional do desporto"*, expressamente se manifestando a vontade de que esta temática prossiga na agenda para lá de Dezembro de 2004, data de encerramento do Ano Europeu da Educação pelo Desporto.

4. As propostas oriundas de França

Resulta do "Estudo francês sobre o desporto profissional"[186] a ideia de se promover ao nível europeu um modelo já existente em França, que consiste na criação de organismos europeus de controlo de gestão sob tutela das federações desportivas europeias, dispositivo a adoptar em todas as modalidades com procedimentos de trabalho homogéneo e níveis de exigência aplicáveis a todos, assim garantindo um equilíbrio ou uma equidade das competições ao nível europeu.

Este instrumento de regulação do desporto profissional na Europa possibilitaria, designadamente:

- a definição de regras específicas para a propriedade dos clubes (limites à multipropriedade);
- a harmonização do estatuto jurídico e fiscal dos clubes;

---

[185] www.eu2004.nl

[186] Rappor de Monsieur JEAN-PIERRE DENIS, Inspecteur des Finances, a Monsieur JEAN-FRANÇOIS LAMOUR, Ministre des Sports, sur "Certains Aspects du Sport Professionnel en France", Novembre 2003, http://www.jeunesse-sports-gouv.fr/actualite/rapportdenis 051203.PDF.

- o enquadramento das ajudas públicas/auxílios de Estado ao desporto profissional;
- o regime dos centros de formação e a protecção dos praticantes desportivos muito jovens;
- os direitos sociais dos jogadores profissionais;
- o regulamento da questão das quotas de jogadores;
- os princípios que regem as transferências internacionais.

Em carta dirigida aos seus 24 homólogos, o Ministro do Desporto francês, a 30 de Abril de 2004, sugeriu as seguintes acções:

a) O lançamento, a nível comunitário, de um estudo sobre o desporto profissional e suas diversas componentes;
b) A delimitação do perímetro da economia do desporto na UE, como forma de comparar resultados entre Estados-membros e como mecanismo prévio ao estabelecimento de contas económicas do desporto na Europa;
c) A criação de instrumentos de medida da prática desportiva num quadro institucionalizado de maneira a dispor rapidamente de estatísticas concertadas à escala europeia.

5. Propostas do Autor

Em complemento e/ou alternativa às sugestões da Comissão e Estados-membros, há um conjunto de iniciativas que ousamos sugerir como potenciais medidas que a UE pode vir a levar a cabo em sede de desporto. Nunca como agora, com a inclusão do desporto na Constituição Europeia, as oportunidades estiveram tão ao alcance da UE, pelo que urge traçar a rota rumo a um Programa comunitário em matéria desporto o menos disperso possível, com vista a ser exequível e demonstrar a mais valia ou o valor-acrescentado da actuação comunitária em matéria de desporto.

As iniciativas que sugerimos na sua maioria não implicam avultados custos, antes um forte empenhamento institucional da UE, seja no já referido Grupo de Desporto a criar no Conselho, seja por via da criação de uma Direcção-Geral específica para o desporto na Comissão[187].

Ficam então as sugestões, desdobradas em diferentes domínios, algumas alternativas entre si:

A) *No âmbito institucional*

- Criação de uma Direcção-Geral específica para o desporto no seio da Comissão;
- Constituição de um Grupo de Trabalho para o desporto, enquanto instância preparatória do Conselho[188];

---

[187] Já há alguns anos atrás, NICOLAS DE LA PLATA CABALLERO sugeria a criação de uma Direcção Geral com competências estritamente desportivas, num contexto de uma verdadeira admnistração pública desportiva da UE. Defende o autor que é necessário dotar a Comissão de mais recursos humanos, a serem distribuídos por três unidades distintas: a Unidade de coordenação (aglutinando as demais DG bem como as admnistrações desportivas regionais e nacionais, para além das federações); a Unidade de competição (que controlaria a organização das competições europeias, podendo mesmo criar novas, nomeadamente a nível universitário, actuando no combate à dopagem e à violência que podessem emergir dessas provas); e a Unidade de actividades (que englobaria acções directas a empreender ao nível da UE, designadamente nos sectores da formação; ajudas ao desenvolvimento; integração dos deficientes; investigação; redes de divulgação), "La emergente administración deportiva europea: nueva vía de resolución de conflictos deportivos", em Revista Jurídica del Deporte, ano 1, n.º 1, Navarra, Aranzadi Editorial, 1999, p. 240.

[188] Actualmente, no âmbito da Educação, Juventude e Cultura existem o Comité da Educação; o Grupo da Juventude; o Comité dos Assuntos Culturais e o Grupo do Audiovisual. Tratam-se de instâncias preparatórias do Conselho, ou seja que participam nos trabalhos de preparação das reuniões do Conselho. Ora, atenta a inserção sistemática do desporto, importa, em nosso entender aditar um comité ou um grupo de trabalho à lista prevista no n.º. 3 do artigo 19.º do Regulamento Interno do Conselho, especificamente para preparar as reuniões dos Ministros do Desporto da UE. E tal é possível. Com efeito, sectores especializados diferentes, mas estreitamente relacionados, são apresentados como subdomínios de um grupo. As novas propostas técnicas importantes e significativas que exijam competências específicas deverão, regra geral, ser incluídas no mandato do grupo responsável já existente. No entanto, se tal se revelar necessário por razões práticas, uma proposta poderá dar origem a um subdomínio, em vez de levar à criação de um novo grupo permanente ou *ad hoc*.

CAPÍTULO IV – *Iniciativas para a UR no Domínio do Desporto*   165

- Relançamento, no seio do PE, do "intergrupo de desporto" e do grupo informal de deputados "friends of football";
- Criação de um Centro Europeu do Desporto, com vista a organizar seminários, congressos, workshops e cursos de formação, entre outras iniciativas;
- Criação de instâncias nacionais de coordenação entre as diversas tutelas governamentais e administrações públicas encarregues do desporto;
- Disseminação de Pontos ou Centros de informação relativa ao desporto, entregues de fornecer informações periódicas sobre temas prioritários;
- Criação de uma Fundação Europeia para o Desporto, especialmente vocacionada para o apoio financeiro a países de adesão;
- Criação de uma Autoridade[189] ou Agência[190] Europeia com vista a fornecer pareceres científicos e apoio técnico e científico à legislação e políticas comunitárias em todos os domínios que tenham impacte directo ou indirecto no desporto;
- Criação de um Observatório Europeu do Desporto[191], encarregue de recolher, registar, analisar, comparar e difundir todas as

---

É importante notar que a lista de subdomínios *não* implica que o mandato dos grupos se limite aos mesmos, podendo compreender quaisquer outras questões abrangidas pelo âmbito geral do grupo. A decisão de incluir esses subdomínios na lista é tomada pela Presidência, com base nas necessidades práticas.

[189] À imagem e semelhança, por exemplo, da Autoridade Europeia para a Segurança dos Alimentos, criada pelo Regulamento (CE) n.º 178/2002 do PE e do Conselho, de 28 de Janeiro de 2002.

[190] À imagem e semelhança, por exemplo, da Agência Europeia de Segurança Marítima, instituída pelo Regulamento (CE) n.º 1406/2002 do PE e do Conselho, de 27 de Junho de 2002, modificado pelo Regulamento (CE) n.º 1644/2003 e pelo Regulamento (CE) n.º 724/2004.

[191] À imagem e semelhança do Observatório Europeu da Droga e da Toxicodependência, instituído pelo Regulamento (CE) n.º 302/93 do Conselho, de 8 de Fevereiro de 1993, alterado pelo Regulamento (CE) n.º 3294/94, de 22 de Dezembro de 1994. Quanto ao já existente Observatório Europeu do Emprego Desportivo (no âmbito da Rede Europeia das Instituições de Ciências do Desporto), o seu escopo é necessariamente confinado, restrito, específico.

informações tratadas ou produzidas, de natureza estatística, documental ou técnica a fim de dar à UE e aos Estados-membros uma visão global do desporto, assim os ajudando na adopção de medidas ou definição de acções e ajudando a elencar estratégias e políticas nacionais e comunitárias referentes ao desporto;

- Criação de um comité de ligação tendo em vista institucionalizar a concertação entre a UE e as diferentes organizações europeias (UEFA, COE, federações desportivas europeias) e internacionais (FIFA, COI, entre outros). Reflectir sobre o papel que o desporto pode assumir para reaproximar as instituições europeias do cidadão(...).

B) *No âmbito da Ciência e do Ensino Superior*

- Criação de Redes Desportivas Europeias, como forma de intermediar pessoas e instituições, designadamente através da Internet;
- Desenvolver um sítio internet ao nível europeu para a promoção e o apoio do voluntariado no desporto, estimulando a investigação, comparando legislações, apresentando resultados de projectos-piloto
- Difusão da literatura associada ao desporto;
- Elaboração de programas destinados a reforçar a cooperação europeia entre universidades e empresas no domínio do desporto;
- Financiamento de bolsas de estudos de pós-graduação, mestrado ou doutoramento conexas com o fenómeno desportivo;
- Convergência curricular dos cursos universitários ligados às ciências do desporto, no contexto da Declaração de Bolonha[192].

---

[192] Declaração sobre o espaço europeu de ensino superior assinada em Junho de 1999 por 29 países europeus.

CAPÍTULO IV – *Iniciativas para a UR no Domínio do Desporto* 167

C) *No âmbito da organização de eventos a nível comunitário, directa ou indirectamente associados ao desporto*

- Definição de um "Dia Europeu do Desporto" ou de um "Mês Desportivo Europeu";
- Organização/patrocínio de competições desportivas comunitárias[193];
- Elaboração de concursos/candidaturas para as "capitais europeias do desporto", à semelhança do que já sucede no âmbito da cultura;
- Associação de acções culturais da UE a eventos desportivos e vice-versa;

D) *No âmbito do Trabalho e do Emprego*

- Intensificação do "diálogo social na UE" tendente à assinatura do primeiro Acordo Colectivo de Travalho Europeu para o desporto profissional;
- Aposta na criação de emprego no desporto utilizando avançadas tecnologias de informação.

---

[193] Sobre o mérito daquelas que até hoje já foram organizadas pela UE, v. JUAN ANTONIO RUBIO: *"La Comunidad Europea estuvo presente en los juegos Olímpicos de 1992, celenbrados dentro de las ciudades de Albertville y barcelona, con el lema: "Mil rostros, una sola fuerza". Quisieron con la participación sacar rendimiento al momento, tan oportuno, para consolidar la identidad de la Unión Europea al mismo tiempo buscaran potenciar la conciencia/sentimiento de la cuidadanía comunitaria. La Unión con la participación en los Juegos Olímpicos de 1992 envió al mundo el mensaje de la doble possibilidad de paz y de cooperación. Durante las cerimónias de inauguración y clausura de los hechos dejaron constancia de la presencia Comunitaria: La bandera azul con las doce estrellas flameando al viento junto con las de restantes países participantes. El himno fue escuchado por todos. Claros mensajes de unidad europea. El Parlamento Europeo contribuyó a aliviar los gastos del evento con mil quinientos millones de pesetas.",* Op. Cit, p. 138.

E) *Noutros domínios*

- Negociação da revisão do Acordo sobre o Espaço Económico Europeu, com vista a aditar o desporto às áreas de educação, formação e juventude, enquanto vectores de cooperação entre, por um lado a UE e os Estados-membros, e, por outro, entre os Países da Associação Europeia de Comércio Livre (EFTA) partes no Espaço Económico Europeu;
- Adopção de um "Programa Desporto", enquanto enquadramento comunitário tendente a contribuir para o desenvolvimento das actividades transnacionais de desporto[194];
- Elaboração de projectos que favoreçam a mobilidade juvenil através do desporto;
- Criação e manutenção actualizada de uma base de dados que recolha as estruturas orgânicas nacionais; contenha estatísticas; elenque conceitos; proceda a uma análise comparada da legislação desportiva; recolha e divulgue estudos sobre o desporto; indique boas práticas, entre outras especificidades nacionais;
- Criação e manutenção actualizada uma base de dados que recolha toda a documentação relativa ao processo de candidatura e à organização de grandes eventos desportivos internacionais, como forma de impulso e conhecimento para organização de eventos em território comunitário;
- Elaboração e difusão multilingue de uma "Carta Europeia da Qualidade do Turista Desportivo", instrumento de promoção de um desporto sustentável, com qualidade e como instrumento de integração, desenvolvimento e ordenamento do território;
- Indicação de ídolos europeus como "Embaixadores de Boa Vontade" para difusão, com apoio da UE, dos valores da ética e do espírito desportivos;
- Estabelecimentos de parcerias entre organizações educativas e organizações desportivas, com vista à dinamização, a nível europeu, do desporto na escola e do desporto escolar.

---

[194] À imagem e semelhança do Programa Juventude, estabelecido pela Decisão n.º 1031/2000/CE do PE e do Conselho, de 13 de Abril de 2000.

NOTAS CONCLUSIVAS

1. Ao longo do processo de construção europeia, a UE tem vindo a intervir num conjunto múltiplice de sectores de actividade, ainda que de forma desigual, em função de diferentes composições de força, fruto de díspares conjunturas tributárias ora da vontade e da realidade de cada Estado-membro, ora de mutantes objectivos e/ou necessidades estratégicos da UE.

2. No seguimento desta constatação, há que dizer que a intervenção da UE em matéria do sector do desporto se tem pautado por uma lógica algo titubeante. Uma abordagem descontínua, reactiva, pontual. Um tratamento comunitário errático e marginal, quase invariavelmente concedendo ao desporto um lugar residual na agenda comunitária.

3. A natureza de tal abordagem prende-se, necessariamente com a ausência de uma referência ao desporto em sede de direito primário da UE.

4. A diferente metodologia de revisão dos tratados, que antecipou uma Convenção (Convenção sobre o Futuro da Europa) à Conferência Intergovernamental (CIG), possibilitou que diversas entidades tivessem suscitado uma alteração do *status quo*, propondo concretamente que o futuro "Tratado que institui uma Constituição para a Europa", vulgo Constituição Europeia, incluísse uma referência ao desporto.

5. Para além dos contributos, directos e indirectos, provenientes quer de instituições quer da jurisprudência comunitárias, o processo que conduziu à aprovação da Constituição Europeia foi decisivo para o culminar de uma ideia já antiga.

6. Os principais contributos, que brotaram do Fórum Europeu do Desporto, Convenção e CIG 2004, todos eles dissecados no presente trabalho, possibilitaram assim que, da concatenação do artigo I-17.º com o artigo III-282.º da Constituição Europeia, o desporto passe a constar das acções de apoio, de coordenação ou de complemento da UE relativamente aos Estados-membros, ou por outras palavras, passa a ser uma competência complementar da UE.

7. Funcionando como um elemento que se junta a um outro preexistente, o complemento significará que a competência comunitária em matéria de desporto não se colocará em prática se não houver uma prévia acção nacional, isto é, se essa não for a vontade ou o desejo dos Estados-membros, que gozam de uma "preferência de acção".

8. No quadro de uma repartição material de competências, que não orgânica, a UE passa a ter, em relação ao desporto, uma competência limitada no tipo, confinando a sua missão a impulsionar ou a facilitar as políticas, os comportamentos e as responsabilidades dos Estados-membros.

9. A tarefa da UE reconduzir-se-á a conceitos jurídicos indeterminados, como "contribuir", "favorecer", "apoiar", "completar", "fomentar", "reforçar" ou "relançar", no quadro de instrumentos legislativos de carácter híbrido, num misto entre o Direito Internacional Público e o Direito Comunitário.

10. A UE terá, pois, competência para, no domínio do desporto, e no quadro do princípio da subsidariedade, emanar um conjunto de acções de encorajamento, ou de *soft law*, designadamente resoluções, recomendações, declarações, programas de acção, conclusões, códigos

Notas Conclusivas

de conduta, comunicados conjuntos, *gentleman's agreement*, declarações de princípios, acções de encorajamento, conclusões dos representantes dos Estados-membros reunidos no Conselho, entre outros instrumentos "indicativos", ou seja, não vinculativos, muitos deles sem previsão/base jurídica na Constituição Europeia.

11. Da UE não se poderá esperar senão actos de carácter político, uma mera assumpção política e moral de cumprimento, que não constitui uma obrigação jurídica enquanto tal, embora possam constituir actos, que, ao conterem convites dirigidos a Estados e a instituições comunitárias no sentido de estes adoptarem um comportamento determinado, podem ser a antecâmara de ulteriores actos obrigatórios, quiçá um embrião inicial de uma posterior transferência de competências dos Estados-membros para a UE no âmbito do desporto. No fundo, uma aproximação *bit by bit* da UE ao desporto.

12. Os únicos actos juridicamente vinculativos que a UE poderá adoptar para o desporto são as Decisões que constituirão a base legal no orçamento comunitário para as futuras despesas comunitárias em sede de desporto, algo finalmente possível, após o hiato iniciado em 1998, e que, por conseguinte, consubstancia uma das vantagens de o desporto figurar na Constituição Europeia.

13. Outras vantagens que se podem apontar, para além do apoio financeiro que o desporto virá a beneficiar (variável consoante o papel do desporto na concretização das escolhas políticas e estratégicas da UE vertidas no orçamento), e das virtudes que, ainda assim, se podem apontar aos actos não vinculativos referidos, são a inegável *based guidance* que se dá aos juízes comunitários na aplicação do Direito Comunitário ao desporto ou a meritória aposta no voluntariado e no reconhecimento da "especificidade do desporto", que não da "excepção desportiva".

14. Uma referência igualmente, ainda no âmbito das vantagens, às indubitáveis potencialidades advenientes das valências do Método Aberto de Coordenação (MAC), vector de *policy linkage* entre os

Estados-membros. Sem carácter vinculativo, e no respeito pela soberania dos Estados-membros em matérias com diferentes valores constitucionais de país para país (dos 25 Estados-membros só Bulgária, Espanha, Grécia, Hungria, Lituânia, Polónia, Portugal e Roménia consagram o desporto na respectiva "Lei Fundamental"), o MAC é uma forma de intergovernamentalismo e de supranacionalismo flexível, não rígida, de um "federalismo cooperativo" que deixa total liberdade aos Estados-membros para planificar, examinar, comparar e ajustar as respectivas políticas desportivas.

15. A tarefa não se afigura fácil atentas as diferentes tradições históricas e culturais, assim como antagónicas soluções orgânicas entre os vários países – seja a tutela governamental do desporto, seja o grau de financiamento, seja o papel das ONG desportivas, nomeadamente os comités olímpicos e as (com)federações- que também ajudam a explicar diferentes graus de intervencionismo e de centralização do Estado, com inerente tradução em pluralismos ou dialogismos jurídicos, e evidente dificuldade em cumprir o n.º 2 do artigo III-282.º da Constituição Europeia, que alude ao desenvolvimento da "dimensão europeia do desporto".

16. Igualmente muito importante, do ponto de vista da salvaguarda do "modelo europeu de desporto" isto é, da resistência à "mcdonaldização" do desporto europeu, é a referência que o n.º 2 do artigo III-282.º faz à promoção da "equidade" e da "abertura" das competições desportivas, numa manifestação de defesa das estruturas desportivas actuais, isto é do modelo piramidal assente no princípio da promoção-relegação, em detrimento das "ligas fechadas" próprias da conceptualização desportiva americana, esta inegavelmente menos igualitária e solidária, mais privatística, elitista e comercial.

17. Na senda do que se já se podia inferir do artigo 11.º da "Decisão que instituiu o Ano Europeu da Educação pelo Desporto 2004", o legislador comunitário erige o Conselho da Europa não como *um* parceiro privilegiado, mas sim como *o* parceiro privilegiado, numa parceria estratégica entre UE e Conselho da Europa, que se quer de complementaridade e não de duplicação de esforços e meios.

18. A despeito das inegáveis vantagens que comporta a consagração do desporto na Constituição Europeia, tendo presente o articulado em concreto, identificámos algumas lacunas na solução obtida.

19. Desde logo, reputamos de errada a opção de não autonomização do desporto num artigo autónomo e específico, ao contrário da solução do legislador para sectores como a melhoria da saúde humana, a indústria, a cultura e o turismo, ao arrepio da dignidade que o desporto merece de *per si*.

20. Ora essa não autonomização é substituída pela inserção sistemática do desporto no mesmo artigo que educação, juventude e formação profissional, o que, sem prejuízo da clara interconexão desses sectores – o Ano Europeu da Educação pelo Desporto 2004 é paradigmático –, ou da vontade de o legislador insistir nas prioridades de futuras sinergias, não deixa de ser redutor. O desporto também é um fenómeno cultural, só para dar um exemplo.

21. Acresce a natureza e alcance dos referidos actos que a UE poderá adoptar em sede de desporto: não só não são vinculativos, como, em regra revelam opacidade e incerteza, se não mesmo imprecisão, vagueza e articulação de obrigações difusas, colidindo com a segurança jurídica e a credibilidade que se anseia para a legislação comunitária, apenas resolvendo na aparência e no imediato as dificuldades dos Estados para assumirem compromissos.

22. Somos igualmente do entendimento de que o legislador também foi pouco ambicioso ou incompleto ao enfatizar apenas as funções social e educativa do desporto, quando já em 1998 a Comissão Europeia havia delimitado cinco funções distintas para o sector: educativa; de saúde pública; social; cultural; lúdica. Ora verificando-se uma necessária uma relação de subordinação entre os actos a adoptar e o direito originário – os actos emanarão de objectivos e princípios estabelecidos no artigo III-282.º – a incompletude do legislador retirará grande margem de manobra de adopção de actos que não aqueles que se prendam com as funções social e educativa do desporto.

23. Mais grave ainda é o facto de se prever expressamente a impossibilidade de harmonizar legislativa ou regulamentarmente matérias atinentes ao desporto, perpetuando-se assim o cenário actual de por vezes, iguais situações de facto terem diferentes soluções de direito. Eis um modelo de "euro-desporto incolor e inodoro", caro à tese dos minimalistas.

24. Estamos perante uma delimitação negativa de competências que repousa numa concepção muito ampla do princípio da subsidiariedade, opção que agrada aos eurocépticos em detrimento dos europeístas que pugnam, também no desporto, por uma melhor governança da UE.

25. Lamenta-se igualmente o facto de o legislador ter sido omisso quanto a uma "velha" reivindicação no sentido de se prever uma cláusula de integração horizontal, à imagem e semelhança do que o Tratado da UE vertia para educação, formação profissional, cultura e saúde pública, assim se obstando a uma análise que parte da horizontalidade de intervenção do desporto de e em várias políticas comunitárias, dificultando a exegese do juiz comunitário e mitigando o grau de "especificidade do desporto" a ser tida em conta quando se dirimirem casos que envolvam a conexão do desporto com outras áreas da Constituição Europeia, nomeadamente as liberdades fundamentais ou a defesa da concorrência. Assim haverá mais riscos de uma aplicação automática e cega do Direito Comunitário ao desporto.

26. Na verdade, se há normas que claramente se identificam como "pura" ou "estritamente" desportivas, preceitos há na Constituição Europeia cujo carácter eminentemente político e económico carecia de uma outra norma – precisamente a omissa cláusula de integração horizontal – que possibilitasse ao intérprete mitigar ou aferir da viabilidade da aplicação daquelas no "confronto" com as especificidades do desporto, isto é, que garantisse a coerência e complementaridade globais das várias políticas, instrumentos e acções comunitárias relevantes, mas sempre no respeito pelo que o desporto tem de mais intrínseco e diferenciador.

27. Ainda que do exposto resulte claro que entendemos o texto do artigo III-282.º como longe do desejável, só um raciocínio muito formal amputaria a UE de uma forte capacidade de acção. Vontade não lhe falta, como atesta a acordada metodologia da "Rolling Agenda", que assim garantirá uma actuação integrada, contínua e perene da UE em matéria de desporto, avessa a casuísmos e independente das prioridades ou conveniências de cada presidência do Conselho.

28. Para além das propostas de actuação já avançadas pela Comissão e bem assim pelo Ministro que tutela o desporto em França, o presente trabalho apresenta um amplo leque de propostas, na convicção de que tanto tempo durou para solucionar o "Dilema de Hamlet" que o caminho não pode, ao contrário da obra de William Shakespeare, terminar numa tragédia.

29. Assim se pode estimular o processo de construção europeia, na esfera de uma matéria – o desporto – cuja complexidade multidimensional nos conduz ainda a uma afectação das competências a nível nacional, mas cujo carácter unitário não deixa de se revelar ao ponto de certos problemas a resolver dizerem respeito a matérias que interessam ser decididas num contexto comunitário, atento o interesse comum da UE e dos Estados-membros.

Terminamos este nosso trabalho com uma eloquente e sintomática citação de um grande europeísta e igualmente apaixonado pelo desporto, JACQUES DELORS[195], carismático ex-Presidente da Comissão: *"Le débat et la confrontation entre les responsables des pays membres doivent être présentés non pas comme un match avec des vainqueurs et des vaincus, comme ont tendance à le faire certains chefs de gouvernement, à l'instar de cette fameuse phrase du Premier ministre anglais John Major après le Conseil européen de Maastricht en 2001: "Jeu, set et match." Les citoyens perçoivent bien la contradiction entre ce type de raisonnement et les discours des mêmes responsables vantant la "famille européenne".*

---

[195] (Avec Jean-Louis Arnaud), Mémoires, Plon, 2004, pp. 491-492.

O "jogo" dos 25 é o mesmo. E fazem todos parte da mesma equipa. É essencial que os "egoísmos nacionais"cedam a esta evidência.

A metáfora desportiva da citação de JACQUES DELORS leva-nos a meditar sobre as vantagens de uma abordagem verdadeiramente integradora da construção europeia, precisamente a lógica do desporto, agora também competência europeia.

Para além de todas as vantagens que a UE e o desporto beneficiarão do facto de este último figurar, por fim, no direito primário daquela, estamos crentes de que os valores intrínsecos do fenómeno desportivo podem e devem ser difundidos em prol da integração europeia. O legado do Barão PIERRE DE COUBERTIN, fundador dos Jogos Olímpicos da Era Moderna, encaixa na perfeição no desafio da Europa a 25: *Citius, Altius, Fortius*. (Mais longe, Mais Alto; Mais forte).

ÍNDICE

PREFÁCIO 7

ARGUMENTO 11

SEQUÊNCIA 13

Capítulo I
UMA CONSTITUIÇÃO PARA A EUROPA 15

Conteúdo Geral; A repartição de competências entre UE e Estados-mem-
bros 15

1. Da Declaração de Laeken à aprovação da Constituição Europeia..... 15
2. O conteúdo fundamental da Constituição Europeia 19
3. A questão específica da repartição de competências entre a UE e os
Estados-membros 23

Capítulo II
O DESPORTO NA CONSTITUIÇÃO EUROPEIA 29

1. O Contributo de diversas constituições nacionais 29
2. O contributo das instituições comunitárias 33
    2.1. O Conselho 33
    2.2. O Conselho Europeu 38
    2.3. A Comissão Europeia 40
    2.4. O Parlamento Europeu 44
    2.5 O Comité Económico e Social 48
    2.6. O Comité das Regiões 48
3. O contributo da jurisprudência comunitária 49

4. O contributo das organizações não governamentais desportivas.......	51
4.1. O Grupo de Trabalho criado em 1998....................................	51
4.2 A ENGSO	53
4.3 O Comité Internacional Olímpico	55
4.4. A União das Associações Europeias de Futebol	56
4.5. O Agrupamento de Clubes de Futebol Europeus (G-14)...........	64
5. O contributo do Forum Europeu do Desporto..................................	65
6. O contributo da Convenção	68
6.1. As ONG	68
6.2. Os Governos	71
6.3 Os Convencionais	76
7. O contributo da conferência intergovernamental (CIG 2004)...........	79

CAPÍTULO III
O DESPORTO COMO DOMÍNIO DE ACÇÃO DE APOIO, DE
COORDENAÇÃO OU DE COMPLEMENTO 81

1. Do Grupo V da Convenção ao texto final da Constituição Europeia...	81
2. O artigo I-17.º da Constituição Europeia: Comentário	86
2.1 Efeitos ao nível das competências da UE e dos Estados-membros...	86
2.2 A impossibilidade de harmonização das dispsoições legislativas ou regulamentares dos Estados-membros....................................	90
2.3. As "medidas discretas" ao alcance da UE..............................	93
2.3.1. Um conjunto diversificado de "soft law"	93
2.3.2. O Método Aberto de Coordenação (MAC)..................	99
2.3.3. O Apoio financeiro	111
3. O artigo III-282.º da Constituição Europeia: Comentário.................	115
3.1. Um artigo tímido: desporto quase virtual, inodoro e incolor.....	115
3.2. A exegese do artigo	117
3.2.1. A inserção sistemática	118
3.2.2. Os aspectos europeus do desporto, suas especificidades, estruturas e funções..	123
3.2.2.1 O voluntariado	123
3.2.2.2 As "especificidades do desporto"....................	128
3.2.3. A "dimensão europeia do desporto" e a defesa do "modelo europeu do desporto"	133

Índice 179

3.2.3.1 A "dimensão europeia do desporto".................. 134

3.2.3.2 A "abertura" e a "equidade" das competições desportivas.. 135

3.2.4. A cooperação com países terceiros e organizações internacionais; o Conselho da Europa como o parceiro privilegiado da UE no domínio do desporto 144

3.2.5. A ausência de uma "cláusula de ingeração horizontal".. 150

Capítulo IV
INICIATIVAS PARA A UE NO DOMÍNIO DO DESPORTO.................. 155

1. A "Rolling Agenda" 155
2. A "bandeira da UE"... 161
3. As prioridades da Presidência Irlandesa............................. 162
4. As propostas oriundas de França....................................... 162
5. Propostas do Autor 163
   A) No âmbito institucional 164
   B) No âmbito da Ciência e do Ensino Superior 166
   C) No âmbito da organização de eventos a nível comunitário, directa ou indirectamente associados ao desporto.................................... 167
   D) No âmbito do Trabalho e do Emprego............................ 167
   E) Noutros domínios.. 168

NOTAS CONCLUSIVAS 169